PAULO CESAR
*Tinga*

# #CHAMANDO
## ATENÇÃODA
# *SORTE*

▼ Vitrola

**COPYRIGHT © EDITORA VITROLA, 2023.**
TODOS OS DIREITOS RESERVADOS À EDITORA VITROLA.

**Direção Editorial**
Vitor Alessio Manfio

**Edição**
Suzanne Borela

**Entrevistas e Texto**
Magda Achutti

**Capa**
Anderson Marco Folle Sabino da Silva

**Projeto Gráfico e Diagramação**
Carol Palomo (Resumo Editorial)

**Revisão**
Marina Montrezol

**Assistente Editorial**
Tayná Werlang

A ortografia deste livro segue o Acordo Ortográfico da Língua Portuguesa.

**Dados Internacionais de Catalogação na Publicação (CIP)**
**(Câmara Brasileira do Livro, SP, Brasil)**

> Nascimento, Paulo Cesar Fonseca do
>     Chamando atenção da sorte : vitórias dentro e fora das quatro linhas / Paulo
> Cesar Fonseca do Nascimento ; curadoria Magda Achutti. -- Frederico
> Westphalen, RS : Vitrola Editora, 2023.
>
>     ISBN 978-65-6030-006-4
>
>     1. Autoestima 2. Carreira profissional 3. Empreendedorismo 4. Jogadores de
> futebol - Autobiografia 5. Sucesso profissional I. Achutti, Magda. II. Título.
>
> 23-169873                                       CDD-796.334092

Índices para catálogo sistemático:
1. Jogadores de futebol : Autobiografia 796.334092
Eliane de Freitas Leite - Bibliotecária - CRB 8/8415

**Vitrola Editora e Distribuidora Ltda.**
**Rua das Camélias, 321 — Aparecida — CEP: 98400-000**
**Frederico Westphalen — RS**
**Tel.: (55) 3744-6878 — www.vitrola.com.br**

# PARTE 1

OS PRIMEIROS ANOS 14

A VIDA NA RESTINGA 20

TRÊS PENEIRAS NO INTER 28

FEBEM, UMA LEMBRANÇA
PARA ESQUECER 36

A DECISÃO DE IR PARA O
GRÊMIO 40

DISCIPLINA E VALORES NO
TRICOLOR 50

APELIDOS E FOCO NA
SOLUÇÃO 58

NAMORO COM MILENE E
ASCENSÃO NO FUTEBOL 66

# PARTE 2

DO GRÊMIO PARA O JAPÃO 74

BOTAFOGO, FASE PAVÃO E
RETORNO AO GRÊMIO 84

SELEÇÃO BRASILEIRA,
FELIPÃO E PELÉ 92

CASAMENTO, FUTEBOL,
FILHO E AJUDA AO PAI 96

SPORTING, UMA RÁPIDA
PASSAGEM POR PORTUGAL 102

INTER, UMA REALIZAÇÃO 110

BORUSSIA, A "FACULDADE"
ALEMÃ 118

RETORNO AO INTER E
APOSENTADORIA NO
CRUZEIRO 126

# PARTE 3

NASCER DE NOVO E VOLTA ÀS AULAS 138

PERGUNTAS MOVEM O MUNDO 146

DIRIGENTE NO CRUZEIRO 154

JOGADA DE MARKETING E GOL COMO PALESTRANTE 162

GESTÃO ALÉM DA PLANILHA, UMA HISTÓRIA REAL 174

TINGA, UM ÍMÃ DE NEGÓCIOS 182

CHAMANDO ATENÇÃO DA SORTE 190

IMAGEM, PUBLICIDADE E ESTILO 198

# PARTE 4

NÃO AO PRECONCEITO 206

TINGA FAZ 40 ANOS E RENOVA BODAS 216

TIME FOME DE APRENDER 222

TINGA NA POLÍTICA? 232

GANHAR DE TERNO 240

SAÚDE DO CORPO, DA MENTE E DO ESPÍRITO 244

VISTA A CAMISA DO SEU SONHO 250

PAI DE MUITAS FAMÍLIAS PELA FÉ 262

CÍRCULO DE GRATIDÃO 274

# APRESENTAÇÃO

As histórias deste livro são sobre a vida de um personagem que eu conheço bem. Mas precisei me distanciar dele para poder contá-las. Estou ao lado do Tinga, desde o seu nascimento, há 45 anos. O famoso apelido, pelo qual é chamado e reconhecido, é um codinome do bairro em que nasceu, a Restinga, um dos mais populosos de Porto Alegre.

Essa zona da cidade começou a se formar a partir de meados da década de 1960, ligada à urbanização, mas também à pobreza e à exclusão social. Para abrir avenidas e solucionar os problemas de habitações insalubres, moradores de vilas foram removidos e levados ao novo bairro, localizado no extremo sul da capital, a 22 quilômetros do Centro. Nos anos 1970, a prefeitura construiu no local cerca de 10 mil blocos de apartamentos e casas populares.

Foi ali, na Restinga, em um desses conjuntos habitacionais, que tudo começou. O menino pobre e magrinho era popular entre a criançada por adorar jogar bola e liderar nos campinhos de areia. Tomava banho de chuva feliz da vida e passava o dia solto na rua brincando. Até que, aos 13 anos, começou a ter sua vida transformada ao entrar no mundo do futebol.

Crescer em um ambiente de trabalhadores, mas também cercado pela criminalidade e o tráfico de drogas exigiu muita força de vontade para fazer as escolhas certas. Aliada a isso estava a determinação de nunca desistir, mesmo quando faltava comida em casa, e Tinga trocava uma ficha de ônibus, doada por um amigo, por um lanche. Ou pedia emprestada uma chuteira a fim de participar das peneiras do Sport Club Internacional na tentativa de ingressar na categoria de base do seu time do coração.

Dos tempos de glória, mais tarde, como jogador da dupla Gre-Nal, entre outros grandes times do Brasil e do exterior, até a aposentadoria dos gramados nos dias atuais como o palestrante que atravessa o país, o marido, o pai, o empresário e o empreendedor, Tinga percorreu uma longa trajetória de muito trabalho, desafios, dúvidas, aprendizados, crescimento, transformações, reinvenção profissional e, claro, conquistas.

Você pode pensar que Tinga teve sorte. Eu sempre estive ao seu lado e digo que ele ainda tem muita, mas muita sorte. Por isso, decidi revelar neste livro cada um de seus segredos para chamar atenção da sorte, minha primeira inspiração quando resolvi escrever esta biografia.

Coloquei aqui tudo o que sei. Você pode se inspirar nestas histórias e perceber um caminho que faça sentido para vencer medos e bloqueios, resgatar a autoestima, tirar uma ideia do papel, agir de modo diferente no trabalho, iniciar um projeto e construir, com coragem e gratidão, talvez um novo começo. É um livro que, se aplicado, poderá ajudá-lo a ter a SUA chance com a sorte.

Boa leitura!

*PAULO CESAR*

*Tinga*

#CHAMANDOATENÇÃODASORTE

# PARTE

# OS
# PRIMEIROS
# ANOS

Paulo Cesar Fonseca do Nascimento, o Tinga, nasceu em 13 de janeiro de 1978, no Hospital Fêmina, em Porto Alegre. Segundo filho de Maria Nadir, faxineira do Teresópolis Tênis Clube, e de Valmor, técnico em telefonia da antiga Companhia Riograndense de Telecomunicações (CRT). A irmã, Ana Paula, nascera quatro anos antes. Moravam em um apartamento num dos blocos do conjunto habitacional Monte Castelo, na Avenida Nilo Wulff, na Restinga, bairro pobre na periferia da zona sul da cidade.

Dos primeiros anos da infância, Tinga recorda ter presenciado várias vezes os pais discutindo. Até o dia em que Valmor bateu a porta de casa e abandonou a família. Ele tinha sete anos e perguntou, chorando, o motivo. A mãe explicou que o marido havia ido embora e não voltaria mais. Tinga considera este dia como um marco, o real começo de sua história.

Mesmo com pouca memória desse tempo, lembra da mãe trabalhando muito mais toda a semana para garantir o sustento. Sem folga, sem lazer. Na sexta, no sábado e no domingo, Nadir pedia que Tinga parasse de jogar futebol ao entardecer com os meninos no campinho de areia, em frente à casa, e inventasse outra brincadeira, sem barulho, porque ela precisava dormir.

O pedido da mãe era justo. Ela chegava do serviço às 18h e dormia até as 22h, quando voltava a trabalhar de madrugada. Acordava, tomava banho e seguia rumo ao Teresópolis para fazer hora extra limpando os banheiros e, quase ao amanhecer, o salão das festas de quinze anos, casamentos e formaturas realizados no clube aos finais de semana.

Nadir se despedia de Ana Paula e Tinga e saía rumo à dupla jornada para esperar o ônibus na parada defronte ao Monte Castelo. Levava consigo apenas uma sacolinha pequena. Na manhã seguinte, às 7h, ao ouvir o barulho do coletivo se aproximando, os dois pequenos corriam até a janela. A mãe descia com duas sacolas cheias de bolo, doces, salgados, frutas e iogurte. Havia ganhado as sobras das festas e fazia a alegria de suas crianças. Tinga torcia pela chegada desses dias. A cor da geladeira mudava do preto e branco do arroz e feijão para o colorido daquela comida boa.

Uma boa impressão do trabalho da mãe foi se formando. Se trabalhar era assim, então trabalhar era bom! A partir da constatação infantil, o trabalho foi um conceito que Tinga levou como base na sua vida. A única mágica verdadeira que viu até hoje foi uma sacolinha pequena e vazia se transformar em duas cheias através do trabalho.

Sua infância foi marcada por essa forte referência e pela ausência paterna. Como a mãe estava sempre na lida, Tinga teve pouco convívio com ela nas questões de educação. Mas ainda é capaz de ouvir as advertências de Nadir sobre o que ele não devia fazer como um guri criado na comunidade: nunca pegar o que não era dele, ficar longe das bocas de fumo e jamais ser buscado numa delegacia.

É muito grato também aos tios do lado paterno por sempre o protegerem de grupos envolvidos com o crime e as drogas. Tapas na orelha e ameaças eram o jeito rude, e ao mesmo tempo amoroso, dos parentes de o afastar dos perigos que rondavam a Restinga.

# TRABALHAR É BOM! A ÚNICA MÁGICA VERDADEIRA QUE VI ATÉ HOJE FOI UMA SACOLA VAZIA VIRAR DUAS CHEIAS ATRAVÉS DO TRABALHO.

#CHAMANDOATENÇÃODASORTE

# A VIDA NA RESTINGA

Os dias de infância e adolescência na Restinga são uma recordação viva na memória de Tinga. O pai era uma figura distante. Desde que saiu de casa, vivia com sua nova família. Ganhava bem como concursado da CRT e chegou a ter dois carros, um Fusca conversível e um Corcel. Enquanto isso, ele, a mãe e a irmã enfrentavam dificuldades. Com Nadir sem pre trabalhando e sem a presença de Valmor, o menino Paulinho, como o chamavam, facilmente poderia ter escolhido o pior caminho. O ambiente era propício. Quase todos os amigos próximos de sua geração hoje estão mortos ou presos.

O pai morava no Centro, e os contatos eram esporádicos. Chegaram a conviver juntos por três meses, e Tinga não se adaptou. Ele tratava bem o filho, mas era rígido e exigia disciplina com o estudo, impunha regras e leituras. Na separação do casal, Valmor tentou, sem sucesso, ficar com a guarda das crianças. Em frente ao juiz, elas fizeram a opção pela mãe. Nadir sofreu demais com o fim do casamento e precisou de apoio psicológico para seguir em frente.

Um domingo por mês, Valmor participava do time de futebol de veteranos organizado pelo tio Farias, no condomínio Monte Castelo. Por ter boa condição financeira, depois do jogo, participava de um churrasco no bar Máximo, no térreo do bloco de apartamentos. Tinga não era convidado e, muitas vezes com fome por ter comido apenas arroz e tomado chá de capim cidró — que crescia nos matinhos em volta de casa —, lembra-se de sentir o cheiro da carne assada subir pela sua janela.

Mesmo com essas lembranças, Tinga costuma dizer que recebeu a melhor educação da mãe pelo seu exemplo de mulher honesta e trabalhadora. Às vezes cobrava um pouco de carinho de Nadir. Ela não sabia dar, pois também não havia recebido — aos 13 anos, saiu sozinha de São Francisco de Paula, enviada pela mãe, para ser doméstica na casa de uma família, em Porto Alegre. Sua forma de demonstrar afeto não era por meio de beijos e abraços, mas não deixando faltar comida na mesa dos quatro filhos. Depois de Tinga e de Ana Paula, Nadir teve Maurício e Niege, de outros relacionamentos.

Criado sozinho, sob a supervisão da irmã Ana Paula, sua referência e somente quatro anos mais velha, Tinga cuidava da própria vida, solto e sem regras. Passava os dias praticamente na rua, jogando bola até à noite e em diferentes rodas de amigos. Como não gostava muito de estudar e vivia alertado pela mãe, a irmã e os tios para não mexer no que não era seu nem se meter com algo ilícito, desde cedo via no trabalho a única oportunidade de vencer. E jogar futebol parecia um sonho possível. Observava Caíco, jogador do Internacional e seu primeiro grande ídolo do esporte, circular de Fiat Tipo na Restinga em visita a parentes e pensava: "Se ele conseguiu, eu também posso".

Tinga amava o Inter. Bom de bola, pensava que o caminho no esporte seria ingressar pela categoria de base do seu time. Antes, no entanto, era preciso passar nos testes, a famosa peneira. Chegar até o Beira-Rio não era tarefa fácil. Faltava dinheiro para o ônibus, faltava chuteira, faltava calção, às vezes faltava comida. A mãe fazia de tudo para conseguir. Uma ficha de ônibus era moeda valiosa de troca. Os amigos ajudavam como podiam com a passagem, davam alguns trocados, emprestavam roupas. E também o protegiam quando alguém vinha oferecer droga. Para eles, Tinga seria diferente, estava destinado ao mundo do futebol.

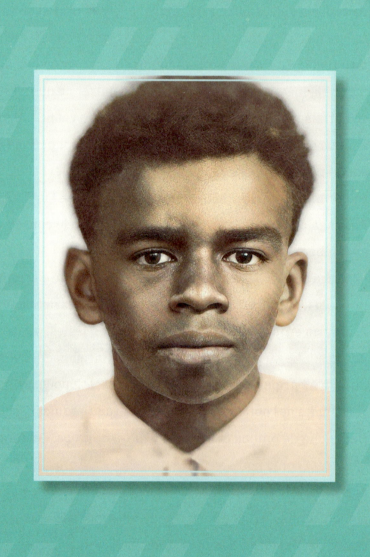

# # PARA REFLETIR

**1.** A melhor educação vem dos exemplos de honestidade e trabalho.

**2.** O trabalho é a única oportunidade de vencer na vida em um ambiente adverso.

**3.** As pequenas coisas e os amigos que estendem as mãos nas horas difíceis devem ser valorizados.

> "Paulinho era teimoso e autoritário. Difícil vencer a peleia, sempre foi muito competitivo."
> **Ana Paula Fonseca do Nascimento**
> Irmã de Tinga

"Quando éramos bem pequenos, a mãe saía para trabalhar, e nossos avós nos levavam para a creche. Com sete anos, coube a mim a responsabilidade de cuidar do Paulinho. Saía da escola e o buscava na creche. Cozinhava, arrumava tudo e andava atrás dele. Duas crianças, uma cuidando da outra. Os tios e os vizinhos davam um apoio. Cedo aprendi a fazer arroz e feijão e assumir compromisso. Ter alimento na mesa era a nossa maior dificuldade. Comer feijão e ovo correspondia a um churrasco. As sacolas que a mãe trazia com as sobras das festas do Teresópolis terminavam logo. Lembro dela chorando de alegria por ter conseguido trazer comida para os filhos. Passamos muita dificuldade até a mãe começar a receber pensão do pai. Nos dias de semana, quando ela voltava do serviço, o Paulinho já tinha que estar em casa, de banho tomado. Caso contrário, eu ficava de castigo. Ele era agitado demais, só queria saber de jogar bola. Muito difícil encontrar meu irmão nos campinhos da Restinga. Trazer para dentro de casa e dar banho, outra briga. Não podia deitar com as pernas cheias de *barro. Mesmo pequeno era teimoso e autoritário. Difícil vencer a peleia, mas eu conseguia. Como o Paulinho sempre foi muito competitivo, quando eu precisava de ajuda para limpar a casa, fazia um jogo: dizia que a do vizinho estava mais bonita, e ele corria a me auxiliar, queria fazer melhor, não ficar atrás. Quando entrou no Grêmio, sentimos pela primeira vez que a vida poderia melhorar. Tenho uma grande consideração pelo clube. Adoro música, e o primeiro presente que ganhei do Paulinho foi um aparelho de som 3 em 1 com um carrossel de CDs e duas enormes caixas de som. Sou gremista até hoje. Minha mãe é realizada com as conquistas do Paulinho. Mesmo sem poder estar próxima de nós na infância, ela agradece a Deus por ter criado um filho honesto e vencedor!"*

# TRÊS
# PENEIRAS
# NO INTER

O futebol entrou na vida de Tinga como o único momento do dia no qual ele não se lembrava da fome, da falta de luz e de dinheiro, da condição de seus pais ou de como seria o amanhã. Igual a milhares de meninos pobres da periferia, era feliz jogando bola e esquecendo aquela realidade. Com a questão do trabalho forte dentro de casa, não tardou a ouvir dos treinadores dos times de várzea que era muito bom e, caso treinasse e se aprimorasse, poderia vir a ser jogador profissional de futebol.

Então, aos 13 anos, leu no jornal a notícia sobre os testes para ingressar na base do Inter. Decidiu participar. Da Restinga até o Beira-Rio era uma hora e meia de viagem pingando no ônibus lotado. Embarcou com quatro amigos aspirantes a uma vaga. No estádio, encontraram cerca de 500 crianças com o mesmo sonho. Quando Tinga foi chamado, treinou tenso por 15 minutos, e veio a reprovação. Os amigos também não passaram na peneira. Retornaram todos juntos e desanimados.

O desânimo durou pouco. A família e os amigos incentivaram outra investida: se trabalhasse mais nos treinos, entraria no time colorado. Nessa hora, vinha à mente de Tinga a mãe, a memória positiva de o trabalho ser uma coisa boa, e ele se empenhava. Com o foco no futebol e menos nos estudos, repetiu algumas séries na Escola Municipal de Ensino Fundamental Senador Alberto Pasqualini. Passaram-se seis meses, e uma nova peneira foi anunciada.

Esperança renovada e um sufoco para gerir a ida ao Beira-Rio, desde conseguir uma chuteira emprestada até descobrir os horários do ônibus dirigido pelo motorista Cláudio — o único que deixava entrar pela frente sem pagar. Dia da peneira, coração acelerado, teste de 15 minutos. "Tu tá bem, mas tem outros melhores", ouviu. Frustrado, Tinga percorreu o longo trajeto no coletivo pensando se teria, de fato, condições de ser jogador de futebol. Passou meses abatido. Começou a duvidar de seu talento.

Um ano depois, os parceiros se mobilizaram para participar de mais uma rodada de testes no Internacional. Desta terceira vez, os avaliadores pediram a Tinga para voltar ao Beira-Rio no dia seguinte. E nos outros seis dias também. Os companheiros descartados retornavam chorando. Além da pressão psicológica, era preciso dar um jeito de garantir a ida e a volta ao estádio. Conseguir uma fichinha de ônibus valia mais do que um cartão de crédito na comunidade, então ele trocava a passagem por pão, leite ou uma fruta.

No sétimo dia de provas, com poucos garotos selecionados, Tinga foi chamado para uma sala. "Agora vai", pensou. Ouviu, engolindo o choro, anunciarem que fora reprovado. Nesse dia ele desabou. Não conseguia parar de chorar. Com 14 para 15 anos, seu sonho de jogar no time do coração e de dar uma condição de vida melhor para a mãe ia por água abaixo. As semanas seguintes foram de muita tristeza. Só que o destino havia armado uma jogada improvável para um guri colorado. Em breve abriria a temporada de testes no Grêmio Foot-Ball Porto Alegrense. E agora?

## # PARA REFLETIR

**1.** Duas coisas que fazem o ser humano superar seus limites: paixão e necessidade. Tinga tinha as duas. Amava o futebol e sentia muita necessidade de mudança.

**2.** Determinação, vencer obstáculos com força de vontade e não desistir do sonho fazem toda a diferença para construir o seu futuro.

# DUAS COISAS QUE FAZEM O SER HUMANO SUPERAR SEUS LIMITES: PAIXÃO E NECESSIDADE.

#CHAMANDOATENÇÃODASORTE

# FEBEM, UMA LEMBRANÇA PARA ESQUECER

Com 15 anos, cheio de dúvidas e sem saber ao certo como direcionar o futuro depois das sucessivas reprovações nas peneiras do Inter, Tinga tinha a seu favor um jeito de ser muito popular na Restinga. De perfil agregador, comunicativo e leal aos amigos, circulava com desenvoltura em diversos grupos. Mas sempre com as palavras da mãe em mente para não se envolver em problemas nem acabar em uma delegacia.

A Turma do Bolinha era uma das rodas que frequentava. Reuniam-se em frente ao colégio diante de seu prédio. Jogavam futebol e organizavam competições contra outros times do bairro. O maior rival era a Turma do Barranco e, volta e meia, os jogos entre eles acabavam em brigas. Um dia, um dos garotos do Barranco saía da escola, ao meio-dia, quando foi provocado pelos Bolinhas, que começaram a dar uma surra nele. Tinga, de fora, pediu para pararem e separou os guris.

Juntou do chão a mochila do menino e a entregou a ele, que ficou olhando para sua camiseta vermelha de mangas longas. Cerca de 20 minutos depois, um carro da Brigada Militar entrou no conjunto habitacional. Tinga estava sentado em frente ao edifício com o sobrinho, William — filho de Ana Paula —, no colo. De dentro do veículo saltou um garoto apontando para ele. "Aquele, de vermelho, tava na confusão". Tinga começou a chorar.

Ana desceu correndo, avisando aos policiais que tinha visto tudo pela janela e que o irmão era inocente. De nada adiantou. Tinga e o amigo Saroba, que apenas passava pelo local e não tinha envolvimento com a situação, foram levados na viatura ao Hospital de Pronto Socorro para fazer corpo de delito. De lá, seguiram direto à antiga Febem, um reformatório para menores infratores, localizado em frente ao estádio Beira-Rio. O relógio marcava 14h, e os dois foram avisados de que, se até as 18h um familiar não viesse buscá-los, ficariam detidos por um bom tempo.

Tinga ficou apavorado. Só se lembrava de todos os alertas da mãe. Não queria frustrá-la, mesmo sem ter feito nada. Antes das 16h, o pai de Saroba, apelidado Seu Passarinho, foi buscar o filho. O amigo se solidarizou e saiu garantindo buscar ajuda. As horas se passavam, e Tinga estava com o choro engasgado, com medo e com fome. Quase às 18h, seu nome foi chamado. No corredor da galeria, encontrou a mãe em lágrimas. Envergonhada, Nadir conseguiu ser liberada do serviço mais cedo para buscar o filho na Febem. Na volta de ônibus até a Restinga, Tinga soluçava, repetindo ser inocente. Prometeu à mãe que ela nunca mais passaria por aquilo. Cumpriu muito além dessa promessa.

# A DECISÃO DE IR PARA O GRÊMIO

A quarta tentativa de Tinga para ingressar na categoria de base de um clube de futebol gaúcho foi no Grêmio. A determinação de fazer o teste foi, talvez, a mais importante de sua vida. Quando chegou sozinho à parada de ônibus, com a chuteira na sacola, rumo ao estádio Olímpico, encontrou três amigos colorados na esquina. Eles haviam tentado as peneiras no Inter e depois optaram por outros caminhos. Perguntaram aonde ele ia, riram e desdenharam da nova investida logo no arquirrival tricolor. Apostando no fracasso, convidaram a se juntar a eles e ganhar um dinheiro fácil, sem trabalhar, somente fazendo "umas correrias" na Restinga.

Neste momento, o ônibus se aproximava do ponto já cheio. Tinga vacilou. Pensou em todas as dificuldades de ir até os treinos caso passasse no teste, na fome e nos 50 pilas que os amigos ofereciam se participasse de um esquema ilegal. O coletivo chegou, as pessoas começaram a subir, e os garotos insistiam para ele ficar e tomar outra direção. Quando o último passageiro subiu, Tinga deu um pique e pulou dentro do ônibus. Selou seu futuro com aquela decisão.

Aos 15 anos foi aprovado de primeira nas avaliações do Grêmio. Parou de fingir que estudava quando concluiu a 5ª série. Um ano depois, em 1994, veio o convite do supervisor e dos diretores de futebol para morar na concentração do clube. Infraestrutura, vida organizada, comida à vontade e 30 reais por mês — o salário mínimo era 70 reais. Tinga entregava todo o valor à mãe. Os dirigentes sabiam dos seus apertos financeiros e lhe proporcionaram condições de desenvolver a técnica do seu futebol. Três anos depois, ele estrearia no time como jogador profissional.

Na Restinga, todos torciam por ele. Não viam o seu ingresso no Grêmio como uma traição ao colorado. Muitos amigos, inclusive, crianças naquela época, são gremistas por sua influência. Tinga treinava durante a semana no tricolor e, no sábado e domingo, voltava para casa.

Havia começado um namorico com a vizinha Milene, que morava em frente à quadra da Academia de Samba União da Tinga. Nos domingos quentes de verão, quando eram realizados os ensaios da escola, ele sofria na hora de retornar à concentração. A menina, a família e os amigos na rua, curtindo a alegria do carnaval, uma das coisas boas da cultura da comunidade, e Tinga na parada de ônibus. Regressava ao Olímpico desolado.

Às vésperas de se tornar profissional, em um sábado à noite, percebeu, ao se aproximar de casa, a luminosidade fraca de velas acesas. Havia faltado dinheiro para pagar a conta de luz. Tinga entrou em conflito. Disse à mãe que ia sair do Grêmio, procurar um emprego e ajudar mais. Afinal, de que adiantava ele estar bem no clube se a família continuava em dificuldades? A mãe o aconselhou a não desistir do seu sonho e garantiu pagar a luz na segunda-feira.

O episódio marcou. Seria o primeiro enfrentamento de uma batalha interna por vivenciar condições melhores que a família não poderia experimentar. O período mais difícil parecia chegar ao fim. Não demorou, e a estrela de Tinga começou a brilhar.

# # PARA REFLETIR

**1.** Toda vez que você toma uma decisão, recebe de presente a famosa consequência. Por isso, cuidado com as suas decisões. Tinga subiu no ônibus, e o brinde foi a aprovação no teste do Grêmio.

"O voto de confiança do Paulinho mudou a minha vida. Ele confiou em mim, não posso errar com ele."
**Sandro dos Santos Leote**
Amigo de infância, pastor e assistente pessoal de Tinga

"*Conheci o Paulinho na Restinga, morava em frente ao seu prédio. Mesmo eu sendo oito anos mais velho, convivemos nas rodas de amigos e na Turma do Bolinha. Ele era muito comunicativo, circulava em todos os grupos. Vivia o futebol 24 horas. O primeiro a chegar no campinho de várzea e o último a sair. Às vezes, à noite, todos os meninos tinham ido para casa, e ele ficava sozinho chutando bola. Era o melhor no jogo. Comentava que queria ser jogador e dar uma casa à mãe. Tinha disciplina, dedicação e persistência. Características pessoais dele, porque foi criado praticamente sozinho, sem cobrança e pressão dos pais. Ao contrário de mim e dos outros garotos, não fez as escolhas erradas. A gente tentava uma coisa, não dava certo, desistia e optava por ganhar um dinheiro fácil. O ambiente sem preconceito favorecia. Enquanto eu e outros guris fazíamos umas correrias, o Paulinho ficava de fora. Aos domingos à noite, nós estávamos em festa; e ele, voltando de ônibus para a concentração do*

*Grêmio. Sempre tomava a decisão certa. Quando começou a crescer dentro do mundo do futebol, nos encontrávamos nas visitas dele à Restinga. Ajudava os amigos e promovia festas de Natal com distribuição de presentes. Em 2001, eu fui preso por dois assaltos à mão armada. Cumpri pena até 2007. Também me envolvi com drogas. Na volta do Paulinho da Alemanha, em 2010, eu estava convertido e livre do mundo do crime e do vício. Nosso reencontro foi dentro de um culto numa igreja batista da Restinga. Ficou feliz em me ver e perguntou o que eu estava fazendo. Respondi que tentava recomeçar a vida, no regime semiaberto, fazendo serviços de motoboy. Dias depois, ele me ligou e pediu para eu fazer umas entregas. Jogando de novo no Inter, me procurou dizendo que a Milene precisava de ajuda com algumas tarefas em casa. Certo dia, me convidou para jantar. Ele e a esposa estavam vendo meu esforço e queriam me dar uma oportunidade. Disse que precisava de alguém de confiança, gostaria de apostar em mim, mas me daria apenas uma chance. Não esqueço quando me entregou a chave da casa, do carro BMW, o cartão do banco com a senha e o que ele tinha de maior valor, os filhos Davis e Daniel, que eu levava e buscava como motorista da família. O voto de confiança do Paulinho mudou a minha vida. Ele confiou em mim, e eu não posso errar com ele."*

# TODA VEZ QUE VOCÊ TOMA UMA DECISÃO, RECEBE DE PRESENTE A FAMOSA CONSEQUÊNCIA.

#CHAMANDOATENÇÃODASORTE

# DISCIPLINA E VALORES NO TRICOLOR

A primeira grande escola de vida de Tinga foi o Grêmio. Até 1993, sua educação dentro de casa se limitava ao básico e ao que não devia fazer — uma lista de atitudes para não transgredir a lei. Os estudos no colégio já tinham sido abandonados. Disciplina, limites e boas maneiras eram conceitos quase desconhecidos quando ingressou no time da base. Compensava essas faltas com muita vontade de aprender, curiosidade, respeito e humildade.

O treinador da categoria era Rogério Zimmermann, temido pela rigidez. Tinga o considera seu primeiro grande disciplinador. Com ele aprendeu as regras técnicas e táticas do futebol. Apesar de ser meia-direita, era acostumado a jogar na várzea e, em campo, corria para todos os lados.

Na primeira semana, Rogério explicou que, pela sua posição no jogo, não poderia se movimentar assim. A mesma atenção deveria ter com a linha de impedimento, que Tinga ignorava, mas ela existia. O preparador físico Renato Schmitt admirava o interesse e a disposição do menino de puxar a fila do treino. Nascia ali uma amizade para a vida toda.

Hoje, Tinga tem a convicção de que sua melhor escola foram os princípios morais transmitidos pela mãe somados às regras e limites disciplinadores do esporte. São eles os responsáveis por forjarem seu caráter. Compara a linha de impedimento a situações na vida em que ninguém está vendo, porém não se deve avançar.

Aprendeu a valorizar o companheirismo e a concorrência saudável. O parceiro no gramado era concorrente, não inimigo. Tinga morava com vários colegas na concentração, e apenas um era escalado em determinada posição. Se um jogava, o outro talvez não ficasse feliz, e vice-versa. A disputa por lugar na partida não significava desejar mal ao companheiro, sobretudo se jogasse bem e ele ficasse na reserva.

O maior desafio para solucionar a questão e continuar a se desenvolver de forma positiva — válido não somente no futebol, mas também nas relações de família, do mundo corporativo e em geral — era correr pelo sonho do colega. Ao morar e conviver na concentração do Grêmio com outros jovens jogadores, Tinga sabia da história sofrida de cada um e dos sacrifícios superados até chegarem ali, como passar noites em rodoviárias e enfrentar a fome.

A convivência foi um ingrediente fundamental para a criação de empatia. Uma forte cumplicidade, além das competições, estabeleceu-se no time. Até hoje, por exemplo, Tinga mantém grande laço de amizade com Márcio Schmidt, parceiro da base que lhe estendeu a mão quando ingressou no tricolor. Os garotos tentavam não ser apenas meros concorrentes disputando espaço. Um lutava pelo sonho do outro. Contra os adversários, a força da equipe dobrava de tamanho. E, no final, a conta sempre fechava.

# # PARA REFLETIR

**1.** A melhor escola são os valores morais transmitidos pela família e as regras e limites disciplinadores do esporte.

**2.** No futebol e na vida, deve-se valorizar o companheirismo e a concorrência saudável. Correr pelo sonho do colega faz nascer a cumplicidade e crescer a força do grupo.

"Tinga sabe como se posicionar, agir e ser assertivo. É um camaleão. Transcende ao futebol."

**Márcio Schmidt**
Colega na categoria de base do Grêmio e empresário de futebol

"*Conheci o Peri, como nós chamávamos o Tinga, quando ele chegou para fazer uma avaliação na base do Grêmio. Aos 15 anos, eu tinha vindo de Erechim e havia acabado de ser aprovado nos testes. A equipe de jogadores da categoria era forte e muito unida. O trajeto do estádio Olímpico até o centro de treinamento, em Eldorado, percorria muita estrada de chão. Peri entrava no ônibus e não se sentava, mesmo com lugares vagos. Os meninos faziam um certo bullying com os novatos em teste caso eles se sentassem logo, não respeitando a hierarquia. Como eu já havia passado por aquele processo, sabia como ele se sentia e o chamei para se sentar comigo. Dias depois, veio me agradecer por eu ter quebrado o gelo e disse o quanto isso o ajudou a ser introduzido naquele grupo. A gente conversava, eu emprestava meu discman para ele ouvir CDs de música, e criamos uma conexão de pensar sobre o futebol que se estendeu às nossas vivências por termos os mesmos valores.*

*Morávamos na concentração, embaixo da arquibancada do Olímpico, apelidada de caverna. Ele era magrinho, muito quieto, mas sua personalidade crescia quando entrava em campo. Não demonstrava medo, arriscava. Fazia o que tinha de ser feito em prol do coletivo e acabava se destacando individualmente. Era um motorzinho correndo, sempre focado em encontrar uma solução. Tinha uma percepção e inteligência sobre o jogo que levou para a vida. Em qualquer ambiente ou situação, Tinga sabe como se posicionar, agir e ser assertivo. Nunca vi ninguém assim. É um camaleão. Transcende ao futebol. Aprendo muito com ele. O futebol nos levou para caminhos diferentes, e nos reencontramos cerca de vinte anos mais tarde, quando estava parando de jogar. Eu trabalhava com jovens atletas em um clube em Mato Grosso e o convidei para fazer uma palestra. A capacidade que ele tem de influenciar positivamente em todos os ambientes é algo raro. Tenho uma gratidão eterna por uma atitude generosa dele comigo. Em 2017, eu morava em Mato Grosso, e um dos meus filhos fazia um tratamento, a cada três meses, em Porto Alegre. Para intensificar a terapia, pensei em me mudar com a família e estava encontrando dificuldade. Nessa época, Tinga foi convidado a ser dirigente no Cruzeiro, em Belo Horizonte. Ele me chamou e emprestou a sua casa por um ano. Depois de tanto tempo distanciados, me deu essa enorme demonstração de confiança e amizade."*

# APELIDOS E FOCO NA SOLUÇÃO

Paulinho, Peri e Tinga. Os apelidos remetem a diferentes momentos da vida e dos relacionamentos de Paulo Cesar. A família e os amigos da comunidade o chamam de Paulinho. Para os colegas da época em que jogou na base do Grêmio, ainda é o Peri — gaiatice por se parecer com o lateral direito Perivaldo, famoso no Botafogo no final da década de 1970.

Quem o batizou de Tinga foi o jornalista esportivo Paulo Sant'Ana, depois de um golaço marcado contra o Sport Recife e da aclamação da torcida. Tricolor apaixonado, Sant'Ana exaltava no rádio, na TV e no jornal o talento do meia Paulo Cesar, o menino da Restinga, o Tinga.

Até o apelido se popularizar no futebol e virar sua marca nos gramados, vestiários e centros de treinamento,

Tinga enfrentou desafios, superou frustrações, teve muitos aprendizados, mas nunca se vitimizou. A cereja do bolo do comportamento dentro e fora de campo era focar na solução.

Certo domingo, acordou na Restinga com uma dor de dente insuportável. Nem pensou em faltar ao treino no dia seguinte. Antes de seguir para o Grêmio, procurou um dentista da comunidade. Ele explicou a necessidade de um tratamento longo e caro. Sem recursos, Tinga pediu para arrancar o dente. Saiu com um curativo de algodão. No estádio, treinou forte, cinco voltas em torno do campo debaixo de sol. Quase desmaiou com uma hemorragia e precisou levar pontos no local da extração.

Com a chegada do inverno, com frequência ficava resfriado. O médico do clube prescreveu vitamina C efervescente, explicou os horários, como tomar e ofereceu uma dose no consultório. Tinga parecia estar vendo mágica: a água se transformava praticamente em Fanta laranja! Voltou para casa levando o suplemento e apresentou a novidade ao sobrinho como se fosse um refrigerante. Comiam pão e frutas tomando Cebion.

A primeira vez que subiu dos juniores para treinar no Grêmio como profissional foi com o técnico Luiz Felipe Scolari, e viveu outra situação típica de foco na solução. O líder natural entre os jogadores era Dinho. De pouca fala, impunha respeito e admiração. No vestiário, o roupeiro do time, tio Hélio — considerado ídolo no clube —, fazia pegadinhas com o fardamento dos atletas vindos da base.

A fama do profissional era entregar aos jovens calções e camisetas velhos e de tamanho bem maior para diversão da galera, numa espécie de "batismo". Tinga recebeu um uniforme perfeito. Pensou que a figura havia gostado dele. Outros três companheiros vestiam calção e camiseta gigantes. Quando recebeu as meias, observou um buraco no tornozelo. Relevou, afinal ninguém veria o furo dentro da chuteira.

Dinho, atento, viu. "Juvenil, vai lá e troca a meia", disse, em tom de conforto. Tinga levantou-se e, na hora, ouviu: "Tu tá começando agora e te dei só uma meia furada. Tá bom demais, quer reclamar do quê?", falou o responsável pela rouparia. Tinga baixou a cabeça. Quando se virou, Dinho advertiu: "Mandei tu trocar a meia". O roupeiro novamente revidou: "Não vou trocar". E agora, o que fazer? Ele só queria treinar! Estava naquele vestiário realizando um sonho. Aproveitou quando o colega mais velho se afastou um pouco e calçou rapidamente as meias e as chuteiras.

Dinho retornou com um tom de voz enérgico exigindo a troca da meia. Tinga estava agachado, amarrando as chuteiras, com receio dos dois e de todo aquele clima tenso. Pensava o quanto queria ter chegado ali e agora causava um problema. Todos no vestiário olhando para eles. Então, focou na solução. "Ô Dinho, deixa eu treinar de meia furada. Eu adoro! Entra um ventinho". O gelo foi quebrado. Os colegas começaram a rir. Dinho também, e ele treinou.

Dois meses depois, Tinga era titular absoluto do time profissional. Chegava à rouparia e pedia duas meias. Vestia uma por cima da outra. Hoje, 27 anos depois do episódio e amigo de Dinho — um dos colegas que mais o apoiou no início da carreira —, entende que, quando se tem foco e determinação para conquistar algo, seja em qual circunstância for, é preciso seguir adiante, mesmo com a meia furada. Usar a criatividade e identificar oportunidades de crescer é o caminho, sem nunca perder a humildade.

# # PARA REFLETIR

**1.** Foco na solução e persistência são decisivos para alcançar qualquer objetivo.

**2.** Criatividade, bom humor e humildade são essenciais para a comunicação e o reconhecimento de limites. Essas atitudes auxiliam a desenvolver bons resultados em qualquer área da vida.

# FOCO NA SOLUÇÃO E PERSISTÊNCIA SÃO DECISIVOS PARA ALCANÇAR QUALQUER OBJETIVO.

#CHAMANDOATENÇÃODASORTE

# NAMORO COM MILENE E ASCENSÃO NO FUTEBOL

Tinga conheceu a esposa, Milene Silva, ainda criança. Eram vizinhos no conjunto habitacional Monte Castelo, distantes quatro prédios um do outro. O garoto apaixonado por futebol costumava jogar com o pai dela, José Pedro, e se tornou amigo da família. Na Restinga, os Silva desfrutavam de uma condição financeira um pouco melhor, comparada à da periferia. Tinham dois carros, moravam em um apartamento térreo bem mobiliado e contavam com um dos raros telefones da comunidade. Adolescente, encantou-se com a linda loirinha cinco anos mais nova e deu um jeito de se aproximar.

A parceria nos jogos de bola com o pai da menina fez a amizade entre eles crescer. Além dos encontros com os grupos de jovens do bairro nas escadarias dos prédios, Milene e Tinga eram colegas de natação em um centro recreativo, onde ele também fazia capoeira. Na tentativa de ficar ainda mais próximo, um pretexto era pedir emprestado o telefone da casa dos Silva. A desculpa funcionava, e ele ficava na janela em longas conversas com Milene. Enquanto isso, os números para os quais ligava nunca completavam a chamada — eram de orelhões!

A mãe dela, Marlene, adorava Paulinho, como todos o chamavam, e o convidava para jantar. Ele agradecia, alegava precisar ir embora, mas sempre aceitava. Foi conquistando a confiança e o carinho da família. Participava dos churrascos que José Pedro assava na garagem. Mas ainda precisava quebrar uma barreira com o pai da moça para tentar namorar a filha.

Certo dia, José Pedro aceitou que Tinga levasse Milene ao Baile da Espuma, no clube Teresópolis. Deu 50 reais para o táxi e a compra de ingressos e refrigerantes. A mãe de Tinga, funcionária do local, colocou os nomes dos dois na lista de convidados. O filho economizou, ganhou o esperado primeiro beijo da loirinha, e voltaram à Restinga ensopados. Não contavam com a cascata de bolhas de água e sabão descendo pelo teto da festa enquanto dançavam. Aos 18 anos, o namoro com Milene engatou.

Na mesma época, Tinga se firmava no Grêmio. Subiu do time juvenil para o profissional com um salário de 800 reais. A partir de então, tudo aconteceu de forma muito rápida na sua carreira. Como um destaque revelação, em 4 agosto de 1997 foi escalado contra o Sport Recife, jogo realizado no estádio Olímpico pelo Campeonato Brasileiro.

Aos 37 minutos do primeiro tempo, numa explosão de velocidade, partiu em uma sucessão de quatro dribles e fez o gol de 2 a 0. A imprensa considerou a jogada e o estilo do garoto de 19 anos ao nível de Pelé. Com humildade, Tinga evitava comparações com craques. Emocionado, ouvia a torcida gritar: "Tinga, teu povo te ama!" e "Au, au, au, o Tinga é animal!".

Aquele jogo com a camisa 10 e o primeiro gol de placa inesquecível no Grêmio representaram uma virada de chave na sua trajetória dentro de campo. A torcida o escolheu ídolo da temporada. No dia seguinte, assinou contrato com salário mensal de 2.500 reais. Finalmente, poderia ajudar a mãe e os irmãos. Mas também acalentava com Milene, então aluna do Ensino Médio e estagiária da Caixa Econômica Federal, o sonho de pouparem para comprar um apartamento na Restinga. O futuro, no entanto, previa algo bem maior para o casal.

# # PARA REFLETIR

**1.** Entregar resultados além do esperado é uma forma de avançar não só no desempenho pessoal em todas as áreas, mas também mostrar responsabilidade com o compromisso assumido.

#CHAMANDOATENÇÃODASORTE

# PARTE

# DO GRÊMIO PARA O JAPÃO

O gol que tornou Tinga famoso foi eleito um dos mais bonitos do Campeonato Brasileiro de 1997. E também trouxe muita pressão dentro e fora das quatro linhas. Seu estilo de jogo era versátil, mas não tinha como característica ser um mestre em dribles desconcertantes como fizera contra o Sport Recife. Marcava e corria bem de goleira a golcira. A expectativa de todos era rever aquele mesmo desempenho histórico comparado ao de Pelé.

Numa partida de 90 minutos, mostram as estatísticas, cada um dos 22 jogadores fica com a posse da bola, em média, 2 minutos e 15 segundos. É preciso preparo físico, bom posicionamento e capacidade de abrir espaço para os companheiros. Tinga hoje compara o futebol a um espelho da vida. O gramado reflete ações de vantagens, faltas, prejuízos, egoísmo e vaidade. Enfim, tudo o que há na vida real. A lição aprendida é como se manter protagonista mesmo quando não se está com a posse da bola.

De titular no tricolor, passou a encarar o banco de reservas. A esperança da torcida continuava a mesma. Se o jogo não ia bem nos primeiros minutos, a arquibancada cobrava a presença de Tinga. Essa atitude — boa para ele como jogador —, muitas vezes não agradava ao técnico. Com um ritmo menor, nem sempre conseguia dominar o adversário na disputa e corresponder ao desejo dos fãs.

Mesmo não sendo titular, o clima de pressão nas arquibancadas não cedia, e treinador e dirigentes começaram a achar ruim a exigência dos torcedores. Companheiros de time escalados na mesma posição se sentiam desmerecidos. Tinga também ficava constrangido, apesar de não depender dele a torcida o ter adotado.

A direção do Grêmio concluiu que a melhor forma de resolver o imbróglio era emprestá-lo por um ano ao Kawasaki Frontale, no Japão. Em 1999, aos 21 anos, recebia cerca de 20 mil reais no tricolor. A proposta de jogar no exterior o levaria a outro patamar. Seriam 30 mil dólares mensais, mais 15% sobre o valor do empréstimo. Com a bolada, comprou uma casa para a mãe no bairro Ipanema. Saiu feliz e com medo.

Havia sonhado com tal oportunidade, porém o receio dominava. Não sabia viver fora da bolha do Grêmio e da Restinga. Não falava nada além de um português precário. Suas poucas experiências fora do país sempre foram com o apoio e a infraestrutura do clube. Morar no Japão, do outro lado do mundo, era um choque gigantesco. Embarcou sozinho rumo a Tóquio. Um intérprete o esperava no aeroporto. Nos primeiros dias, ficou em hotel, sendo que nem sabia da necessidade de inserir o cartão-chave magnético para acender as luzes do quarto.

A solidão era incômoda. Falar com o Brasil, tarefa difícil — a internet engatinhava, as ligações telefônicas eram caras e a diferença de fuso horário era um complicador. Depois de cinco meses, Tinga pediu para Milene ir visitá-lo. Ela foi com um visto especial, por ser menor de idade. Despachada, circulava com um enorme dicionário embaixo do braço. Descobriu onde vendiam carne, feijão, e fez amizade com alguns poucos brasileiros. Ficou três meses e o ajudou muito a se adaptar ao novo ambiente repleto de tecnologia, uma culinária desconhecida e centenas de linhas de metrô com horários de chegada e partida ultraprecisos.

Em campo, não havia barreiras. Tinga usava a linguagem universal do futebol. Jogar em outra cultura exigia dele muita atenção. Mesmo sendo o principal jogador do Frontale, nem sempre era o centro. Como estrangeiro, chegou vulnerável, por mais prestígio que desfrutasse no seu clube de origem.

Precisou conquistar as equipes. Começou devagar nos jogos. Pouco a pouco, ganhou espaço e fez uma boa temporada.

No término do contrato de um ano no Japão, Tinga voltou ao Grêmio. Dois meses de negociação e não houve acerto. O técnico Emerson Leão considerava seu desempenho nas partidas incompatível com o dos treinos. Como agravante, seguia a forte pressão da torcida por sua escalação. Os dirigentes decidiram emprestá-lo ao Santa Cruz, de Recife, da segunda divisão. Tinga se negou.

Então, Renato Portaluppi, dono de 25% de seu passe — fruto do pagamento de uma dívida do Grêmio no qual teve a opção de escolher entre Ronaldinho Gaúcho e Tinga —, intercedeu a favor de sua ida para o Botafogo de Futebol e Regatas. Tinga considerou o clube carioca uma boa chance de voltar aos jogos e ganhar visibilidade nos campeonatos. De certa forma, estava enganado.

# PARA REFLETIR

**1.** O futebol reflete ações de vantagens, faltas, prejuízos, egoísmo e vaidade. Tinga o compara a um espelho da vida. A lição é como se manter protagonista mesmo quando não se tem a posse da bola.

**2.** Jogar futebol ou atuar como profissional em outro país exige muita atenção para que atitudes, expectativas e aflições não prejudiquem o ajuste à nova cultura.

**3.** Por mais prestígio que um profissional desfrute no seu país de origem, como estrangeiro ele chega vulnerável. É preciso começar devagar, conquistar as equipes e o novo espaço de forma legítima.

> "Rompemos uma barreira de limitações e vimos que poderíamos ir bem mais longe do que a Restinga."
> **Milene Silva do Nascimento**
> Esposa e mãe dos dois filhos de Tinga

"Nunca me incomodei com preconceito e racismo por namorar o Paulinho. Até hoje parecemos o estereótipo do casal em que a loira deu o golpe do baú no jogador de futebol negro. No nosso caso, brinco, foi o contrário. Minha família tinha uma condição financeira melhor. Gostei do Paulinho porque ele era um cara legal. Quem é uma pessoa branca como eu, criada na Restinga, já nasce sem preconceito. Minha referência de beleza masculina sempre foi de homens negros. Minhas três melhores amigas na adolescência eram negras, assim como a maioria dos vizinhos e amigos dos meus pais. Fora da comunidade, ouvia algumas brincadeirinhas, cochichos, mas nunca liguei. A gente se gostava, e nosso sonho era nos casar e ter um apartamento na Restinga. Seria o auge! Não havia a perspectiva de ser jogador para ganhar dinheiro. Ao se tornar profissional no Grêmio, ele comprou um Fiat Palio azul-marinho de segunda mão e pagou as prestações do carro com dificuldade. Quando foi transferido para o Japão, eu tinha quase 16 anos, e o *nosso namoro era bem sério. Como era menor de idade, foi difícil conseguir autorização para viajar e ir vê-lo. Meu pai também não queria permitir. Paulinho telefonou dizendo que nós íamos nos casar. O pai achou aquilo uma loucura, éramos muito jovens. Numa decisão sábia, não autorizou o casamento. Até audiência com juiz meus pais tiveram antes da liberação da viagem. Perdi aquele ano no colégio e larguei o estágio na área de Habitação da Caixa Econômica Federal. Embarquei acompanhada de uma japonesa, esposa do representante do Frontale no Brasil. Nunca havia voado de avião. Três dias depois da minha chegada, ele viajou em pré-temporada de jogos. Fiquei hospedada na casa da esposa do preparador físico do clube. Ela me apresentou a cidade de Kawasaki. Quando Paulinho voltou, eu havia desbravado tudo, aprendido algumas palavras em aulas de japonês, e me virava falando nas lojas com um dicionário embaixo do braço. Fui corajosa, mas também levei alguns sustos nas estações de metrô indo até Tóquio. Nenhuma escola teria me dado o que aprendi como conhecimento de vida no Japão. Ali, acredito, eu e ele rompemos uma barreira de limitações e vimos que poderíamos ir bem mais longe do que a Restinga."*

# MANTENHA-SE PROTAGONISTA MESMO QUANDO NÃO TIVER A POSSE DA BOLA.

#CHAMANDOATENÇÃODASORTE

# BOTAFOGO, FASE PAVÃO E RETORNO AO GRÊMIO

Os primeiros tempos no Rio de Janeiro foram outro choque cultural. Recém-chegado do Japão, onde havia aprendido a admirar o povo reservado, disciplinado, pontual e organizado, Tinga estranhava o treino do Botafogo ser marcado às 9h e começar às 10h30. O pagamento do salário, no dia 5, ocorria em qualquer outra data e nem sempre era pago. O clube vivia em crise, e honrar os compromissos virou um problema. Dos dez meses em que atuou no Botafogo, recebeu somente cinco.

Quase tudo o que economizara no Japão, investiu na compra de dois apartamentos de cobertura, em Porto Alegre, e em gastos no Rio. Morava em um bom apartamento na praia de Icaraí, em Niterói, cidade vizinha onde ocorriam os treinos do clube. Mesmo num contexto completamente diferente do Frontale, buscava manter seu padrão de vida de jogador remunerado em dólar. Vestia-se bem, com roupas de grife, usava um Rolex e dirigia um Audi A4. Torrava suas reservas vivendo uma fase pavão. Considera natural aquele período de deslumbramento passageiro. Pior seria, diz, se tivesse continuado a ser um pavão velho.

Apesar do ambiente financeiro complexo, Tinga valorizou a experiência de jogar com um elenco formado tanto por jovens quanto por ídolos da estrela solitária. Encontrou um time com veteranos de muitas conquistas, como o meio-campista Djair, o zagueiro Sandro, o atacante Donizete Pantera, o goleiro Wagner, entre outros. O treinador era Joel Santana. Transitava em diferentes tribos com sua habilidade de bons relacionamentos desenvolvida desde a Restinga.

Apesar de estar no Botafogo graças à interferência de Renato, ainda não tinha conversado com o gaúcho que morava no Rio. Após dois meses, numa folga, telefonou para marcarem um encontro. Renato deu o endereço de seu escritório em Ipanema. Quando Tinga chegou ao local, encontrou somente hotéis e edifícios residenciais. Na mesma hora, ligou para ele.

— Bah, meu! Onde tu tá? Aqui no endereço não tem nenhum prédio comercial.

Renato rebateu:

— Tô te vendo aqui do escritório. Vira e olha pro outro lado da rua.

Tinga deu meia volta e viu o colega jogando vôlei na praia. Trocaram muitas ideias e combinaram um churrasco no Porcão, do qual Renato era sócio. O clima no Rio era de bom futebol, camaradagem e despesas exageradas. A namorada o visitava com frequência, brigavam e se reconciliavam. O relacionamento esfriou um pouco naquele cenário tão diferente ao que estavam acostumados. Milene seguia focada nos estudos e no trabalho.

O empréstimo ao Botafogo chegou ao fim, e Tinga retornou ao Sul. Em 4 de janeiro de 2001, seu empresário, Tadeu Oliveira, comunicou que o Grêmio queria novamente emprestá-lo. Ponte Preta e Bahia estavam interessados. A notícia o entristeceu, queria retornar ao tricolor. Estava de volta a Porto Alegre, sua zona de conforto, e ao namoro firme com Milene. Pela primeira vez, experimentavam morar juntos numa cobertura no bairro Santa Cecília.

No dia 5 de janeiro, às 22h, Tadeu telefonou avisando Tinga para se apresentar ao Grêmio na manhã seguinte. A direção havia decidido que ele faria a pré-temporada. Resistiu, pensou em não ir. Imaginava que não o queriam no time. Mas, no dia 6, estava lá. O plantel foi apresentado a Tite, o novo técnico vindo do Caxias, onde ganhara o Gauchão, surpreendendo o Rio Grande do Sul com a vitória de um time da Serra. Era o seu primeiro contrato com um grande clube e o início de uma longa relação de confiança coroada de vitórias.

No treino de estreia, o técnico colocou Tinga na ponta direita. Como se sentia confiante jogando como meio-campista, procurou o treinador para tentar a troca. Tite explicou que a equipe contava com muitos meias, ele seria mais útil naquela posição e teria de brigar pelo espaço desejado. Tinga acatou com obediência e disse que esperaria até conseguir uma chance.

O excelente desempenho nos treinos e a personalidade respeitosa e dedicada do atleta agradaram o técnico. De reserva, passou a titular. No primeiro Gre-Nal do Campeonato Gaúcho, marcou dois gols. Em agosto, foi considerado o motor do time que ganhou a Copa do Brasil em jogo contra o Corinthians por 3 a 1, no Morumbi lotado. Finalmente, Tinga havia conquistado seu espaço no Grêmio.

# # PARA REFLETIR

**1.** Mesmo atuando em um clube com dificuldades financeiras, Tinga valorizou a convivência e o aprendizado com colegas experientes e vitoriosos.

**2.** Acatar a decisão do treinador com respeito e paciência — mesmo discordando dela — e intensificar seu esforço e desempenho pode virar o jogo na hora certa.

**"A história do Tinga encoraja, ilumina, serve de exemplo e inspiração."**
**Tite**
Ex-técnico do Grêmio em 2001 e da
Seleção Brasileira de Futebol

"Cheguei ao Grêmio, em 2001, vindo do Caxias, um ano depois de ser campeão gaúcho. Era um técnico jovem, ainda em busca de validação e com a primeira oportunidade de atuar num clube de grande magnitude e multicampeão. Quando comecei a montar a equipe, me falaram que o Tinga recém havia voltado do Japão. Gostariam que o avaliasse e desse o meu diagnóstico. Eu o colocava para jogar de atacante na ponta direita, sua posição histórica inicial, onde havia feito um gol emblemático. E foi a partir dessa minha escolha que conheci a pessoa Tinga, seu caráter, sua personalidade, seu posicionamento e sua transparência. Ele me procurou e disse que tinha como preferência jogar como meio-campista, onde estava adaptado e se sentia confiante. Expliquei que o plantel dispunha de muitos meios-campos. Respondeu, então, que esperaria quanto fosse preciso para mostrar seu trabalho na função. Ele ficou bastante tempo no banco. Eventualmente, quando o placar estava mais decidido, eu o colocava por algum tempo na partida.

*Numa dessas vezes, eu o escalei para jogar nos cinco minutos finais. Em termos profissionais, é quase impossível mostrar valor nesse pouquíssimo tempo. Eu me lembro da predisposição dele naqueles cinco minutos. Era algo impressionante! Entregava cinco minutos de excelência. Muito móvel, lépido, dava vida ao jogo. Transferia para a equipe uma característica de que gosto muito: menos força e mais mobilidade. O Grêmio foi campeão da Copa do Brasil naquele ano, com Tinga como um dos maiores exponenciais em campo, um dos maestros daquela conquista. Costumo contar esse fato a outros atletas para saberem o que acontece antes de se alcançar determinada posição na carreira. Tinga sabia mostrar seu caráter e profissionalismo com suas virtudes. Eu costumava trabalhar muito a questão da coragem com os atletas, visando os enfrentamentos antes dos jogos. Me lembro de, numa noite, depois de uma explanação, ele vir me alertar, educadamente e com todo o respeito, para não prolongar aquela abordagem, pois poderia gerar muita pressão nos jogadores. Nós nos identificamos. Quando treinei o São Caetano, em São Paulo, pedi sua contratação, mas ele foi para o Sporting, em Portugal. Desde então, não trabalhamos mais juntos, mas sempre tivemos um canal aberto e uma relação de confiança. Temos uma escala de valores muito parecida. Apoio e incentivo as causas sociais que ele defende, ao meu ver sempre de forma ponderada, positiva, sem ser radical. Tinga agrega muito em termos educativos. Hoje é um palestrante encorajador, que conduz e ilumina. Tem uma história bonita e serve de exemplo e inspiração."*

# SELEÇÃO BRASILEIRA, FELIPÃO E PELÉ

Nas eliminatórias da Copa do Mundo, em 2001, o técnico da seleção brasileira, Luiz Felipe Scolari, convocou Tinga para um jogo decisivo contra o Paraguai. Desacreditada, a seleção colecionava vaias da torcida. Se perdessem, a ida ao Mundial estaria ameaçada, e o Brasil ficaria fora da competição pela primeira vez na história. A imprensa nacional criticou dura mente a escolha de Felipão. Alegava que Tinga não teria condições de corresponder às expectativas em uma partida tão crucial, por ser estreante na equipe Canarinho.

Felipão agiu de modo estratégico. Conseguiu trazer o jogo para Porto Alegre, no Estádio Olímpico. Conversou com Tite e montou o time com o mesmo esquema tático do meio campo do Grêmio, recém-campeão da Copa do Brasil sob o comando do técnico tricolor: Tinga, Marcelinho Paraíba e Eduardo Costa. Quando a seleção pisou no gramado, Tinga viu uma imensa faixa cobrindo parte da arquibancada com 60 mil torcedores. A acolhida "Tinga, teu povo te ama" tocou fundo no jogador. Sobretudo por uma situação vivida quatro dias antes, em um amistoso realizado no Paraná.

Naquele jogo preparatório contra o Panamá, Pelé — o ídolo maior de Tinga como atleta e personalidade negra respeitada internacionalmente — também se manifestou na imprensa, desaprovando a vontade de Felipão. Feliz por viver seu auge no futebol, Tinga se sentia ao mesmo tempo fragilizado. O comentário do rei tinha um peso imensurável. Foi a primeira vez que recebeu uma vaia personalizada e gigantesca da torcida, influenciada pelas repercussões na mídia e pela opinião de Pelé. Ficou mal.

No Olímpico, o Brasil venceu o Paraguai por 2 a 0. A seleção não brilhou, mas garantiu a vaga com o apoio dos gaúchos. Um ano depois foi pentacampeã na Copa do Mundo da Coreia do Sul e do Japão. Tinga não participou do mundial. Chegou a ser convocado para alguns amistosos até 2006, mas perdeu o encanto em jogar pela Seleção Brasileira.

Anos mais tarde, comentou sobre o assunto numa entrevista. Pelé fez contato com ele e, com empatia, se redimiu frente à pressão que o colega havia sofrido. Reconheceu que o jogo contra o Paraguai foi decisivo no caminho do penta.

Até pouco antes da morte do rei do futebol, em dezembro de 2022, eles mantiveram um contato próximo e amigável pelas redes sociais.

# CASAMENTO, FUTEBOL, FILHO E AJUDA AO PAI

O ano de 2001 foi um dos melhores até então na carreira de Tinga. A boa temporada de trabalho no Grêmio com Tite e o reconhecimento profissional, aliados à vida pessoal feliz e estável com Milene, sinalizavam o momento de dar um passo adiante. O jovem casal decidiu morar junto de vez. Ela havia acabado de ser aprovada no vestibular da Ulbra e começava a cursar Administração de Empresas, em Canoas. Ia para as aulas com outros estudantes, na van da universidade. Em dias de jogos, frequentava o estádio, assistindo às partidas de Tinga com a sogra Nadir.

Neste mesmo ano, Milene engravidou. Quando Davis nasceu, em 2002, ela tinha 19 anos e parou de estudar para se dedicar ao bebê. A decisão de casar partiu de Tinga e foi uma escolha natural de quem queria construir uma vida juntos de forma legalizada. De um jeito simples e nada romântico, anunciou à companheira que iriam ao cartório assinar os papéis e formalizar a união. Comemoraram de forma discreta, apenas com um galeto e maionese em família.

Durante a gestação e depois do nascimento do primeiro filho, o casal enfrentou uma situação familiar difícil. Certo dia, o volante havia terminado o treino no Olímpico, quando um taxista o procurou. O motorista explicou que o pai de Tinga parecia estar com problemas mentais. Numa corrida, Valmor pediu ao profissional que o levasse ao Banco do Brasil, onde pretendia comprar gado e transportar os animais dentro do táxi.

Tinga seguiu até a instituição bancária, resgatou o pai e o levou para sua casa. Milene se dispôs a cuidar do sogro, então aposentado da CRT. Consultaram um médico, Valmor fez exames, e o diagnóstico apontou neurossífilis — uma complicação rara e tardia da sífilis, doença que invade o sistema nervoso, atinge o cérebro, provoca falhas de memória e demência. O período foi agitado. Internações em clínicas, hospitais, muitos cuidados em casa e gastos elevados com o tratamento.

Milene trouxe o apoio e o equilíbrio necessários para Tinga ajudar o pai e continuar se dedicando ao futebol. Aos poucos, Valmor apresentou melhora e retornou ao apartamento, no bairro Teresópolis, onde morava sozinho. Quando Davis fez um ano, logo depois do aniversário do menino, Tinga estava concentrado no Grêmio para um jogo importante contra o Bahia quando recebeu um telefonema. O pai havia sido encontrado dirigindo seu Corsa na contramão, na Avenida Ipiranga — movimentada via que corta a capital gaúcha de leste a oeste.

Desesperado, Tinga deixou a concentração do clube, buscou Valmor desorientado e o colocou dentro do carro. Nem pensou duas vezes, seguiu direto para a casa da mãe. Precisava de um conselho. Nadir morava num sobrado grande e confortável em Ipanema. Vinte anos depois de todo o sofrimento vivido pela mãe com a separação, ele sequer cogitou a possibilidade de ela acolher o ex-marido.

A atitude de misericórdia de Nadir o surpreendeu. No maior ato de perdão que Tinga presenciou na vida, ouviu a mãe dizer que cuidaria de Valmor. Aconselhou-o a voltar o foco para o trabalho no Grêmio e sua família. Abriu a porta de sua casa com compaixão, abrigou o ex-marido e lhe deu toda a assistência durante um ano. Valmor se recuperou, mais tarde se converteu à religião evangélica e hoje vive numa residência para idosos, onde recebe a visita dos filhos.

# # PARA REFLETIR

**1.** Na Bíblia, em Mateus 18:21-35, o apóstolo Pedro pergunta: "Mestre, quantas vezes devo perdoar uma pessoa que me ofende: até sete vezes?". Jesus responde: "Não te digo até sete vezes, mas até setenta vezes sete!".

# SPORTING, UMA RÁPIDA PASSAGEM POR PORTUGAL

Tinga saiu do Grêmio de forma conturbada em 2003. O clube lhe devia seis meses de salário e 21 depósitos de FGTS. Foi à Justiça cobrar seus direitos. Antes tentou um acordo informal. Um time da Rússia estava interessado no seu passe. Se o tricolor o liberasse, ele perdoaria a dívida. O presidente Flávio Obino não concordou. Disse que os investidores no negócio e a torcida não aceitariam.

Quando o tribunal deu a sentença a favor de Tinga, seu empresário, Tadeu Oliveira, havia negociado com o São Caetano, de São Paulo, e ele já tinha assinado um pré-contrato com o clube então treinado por Tite. Recebera, inclusive, parte do dinheiro do contratante, que aceitou esperar quanto tempo fosse preciso até sair a decisão judicial e sua liberação.

Disponível e dias antes de se apresentar para começar no São Caetano, recebeu uma proposta do Sporting Clube de Portugal. Era a sua chance de jogar na Europa e realizar mais um passo importante na carreira. Novo impasse: como ser grato à indicação de Tite e à postura impecável do clube paulista? Tadeu intercedeu e o orientou. Tinga telefonou ao presidente. Avisou da inesperada oportunidade de integrar uma equipe europeia, desculpou-se e devolveu toda a quantia recebida antecipadamente.

Tinga decolou rumo a Lisboa em 2004, com Milene e Davis. O contrato com o Sporting era de cinco anos. Ele cumpriu apenas um. Não se adaptou ao clube português. Num dos primeiros jogos, cometeu um pênalti e acabou expulso. O técnico o deixava mais no banco de reservas do que jogando. O acerto entre eles era difícil. Aos 26 anos, não conseguia mostrar a força e o desempenho do seu futebol.

Seu humor alegre e confiante começou a mudar para triste. A esposa preocupou-se. Enquanto Milene cuidava da família e ia passear com o filho, descobrindo os encantos de Lisboa — moravam em Alcochete, região metropolitana, próximo ao centro de treinamento —, Tinga costumava voltar dos treinos direto para casa e desanimado.

A situação se repetia dia após dia. A experiência de jogar na Europa era válida. Acostumado a ser um "motor" dentro de campo, Tinga queria oportunidades para se desenvolver. Resolveu mudar. Avisou seu empresário da intenção de sair do Sporting e voltar ao Brasil. Com o nome na vitrine do futebol internacional, houve interesse de muitos times. Entre as ofertas estava a do Sport Club Internacional. O sonho de infância do menino colorado da Restinga se tornava realidade.

# # PARA REFLETIR

**1.** Quando o trabalho não traz satisfação, oportunidade de crescimento e realização pessoal, é um indicativo para considerar uma mudança e voltar a se desenvolver profissionalmente.

> "Tinga é uma pessoa de caráter e foi um jogador de personalidade forte."
> **Tadeu Oliveira**
> Empresário de Tinga

"Durante dezenove anos, até sua aposentadoria, eu fui o único empresário do Tinga. Começamos a trabalhar juntos quando ele voltou do Japão e me procurou no meu escritório. Eu o conhecia como um jogador revelação do Grêmio. Pediu para eu o representar e disse que queria assinar um papel de pão, porque, se não assinasse, não teria um compromisso comigo e poderia me trair. Seu jeito direto de ser. Hoje o tenho como um filho. Uma pessoa de caráter e um jogador de personalidade forte. Sempre quis ser diferente, buscava coisas novas. Desejava ser um modelo de inspiração. Além de agente de futebol, acredito que fui uma espécie de conselheiro, influenciando seus negócios e assessorando decisões na vida pessoal. Tenho orgulho de, no meu currículo, ter trabalhado com o Tinga. Porém, não foi fácil. Ele era muito competitivo. Quando achava que não estava bem em um clube — não por seu desempenho ou entrega em campo, mas em comparação com outros jogadores no cenário da época —, me cobrava a capacidade de colocá-lo em outro time. Eu explicava que não era possível pular *degraus sem usar a escada. Muitas vezes batíamos de frente, e eu sabia como lidar com ele. Às vezes, o jogador se torna um craque e acha que sabe tudo. Nos desafios, eu mostrava que existiam dois caminhos e deixava com ele a escolha. Gerenciava sua carreira, no entanto também aprendi muito com o Tinga. Ele nunca esqueceu sua origem e seus amigos. Ao longo do tempo, conheceu empresários e pessoas da alta sociedade que conviviam comigo em relações sociais. Circulava em qualquer grupo social e se adaptava, nunca ficava em posição inferior, sabia se impor. Era diplomático nas relações. Durante anos, promovíamos festas de Réveillon na minha casa da praia para 300 pessoas, com banda e DJ. Todo mundo no litoral as conhecia por festa do Tinga. Fiz a gestão de carreira de mais de 40 jogadores de futebol, mas com ele foi uma sintonia diferente. Parece que eu só trabalhava para o Tinga. Brinco que sentia ciúmes da minha relação com os outros atletas, exigindo atenção e exclusividade. E eu dizia: 'calma aí que já vou, só vou pegar um avião'."*

# INTER, UMA REALIZAÇÃO

O Internacional anunciou a contratação do volante Tinga em dezembro de 2004. Pagou 300 mil euros ao Sporting Clube de Portugal pelo reforço que viria a suprir uma das principais carências: a passagem da bola da defesa para o ataque. O negócio também incluiu a cedência de três juniores colorados. Tadeu Oliveira considerou a transação vantajosa. Às vésperas de estrear em campo, em um passeio no shopping encontrou um ex-jogador do Inter. O colega considerou a troca de clubes arriscada. Por experiência própria, vaticinou: "Isso é uma loucura! Qualquer coisa que der errada lá, a culpa é toda tua". Tinga ficou tenso. Pesava ainda sobre ele o crédito de ser ex-jogador do Grêmio.

No jogo de abertura do Campeonato Gaúcho, no Beira-Rio, foi expulso logo no primeiro tempo. Quando voltou da suspensão, o "motor" entrou em ação: marcou gols em cada um dos três jogos seguintes. A partir de então, seu futebol se destacou e ajudou o Inter a ser tetracampeão gaúcho. A conexão também foi grande com a recém-criada torcida Guarda Popular. Todos agora sabiam do histórico colorado de Tinga desde a infância, quando assistia da coreia — arquibancada localizada bem abaixo das inferiores, numa espécie de fosso — os jogos em companhia dos tios e amigos. Dos torcedores ouvia: "Ha, ha, ha, Nego Tinga é popular!".

O ano de 2005 foi marcado por uma polêmica no Brasileirão. No confronto entre Corinthians e Internacional, no Pacaembu, Tinga foi derrubado na área pelo goleiro adversário aos 28 minutos do segundo tempo, com o placar em 1 a 1. O árbitro Márcio Rezende de Freitas não marcou o pênalti e ainda deu cartão vermelho para o jogador. A vitória na partida praticamente asseguraria o título de campeão ao Inter. O lance, no seu ponto de vista, foi um assalto em um campeonato marcado por escândalos e suspeita da manipulação de resultados dos jogos pela "máfia do apito".

Tinga considera 2006 como um ano de muito aprendizado. No primeiro semestre, o Inter deixou escapar o título do Campeonato Gaúcho sem perder nenhuma partida, mas com um empate na decisão. Como vice do Brasileirão — depois de ficar três pontos atrás do Corinthians por aquela ação injusta de arbitragem que os colorados jamais esquecem —, fez uma campanha promissora na Copa Libertadores da América. Até então, apenas o rival tricolor gaúcho colecionava taças internacionais.

Foi na noite gelada de 16 de agosto, num jogo emblemático, realizado no Beira-Rio, que Tinga entrou para o panteão dos ídolos eternos do Inter. Contra o São Paulo, na época o campeão mundial, marcou o gol que garantiu o título da Libertadores da América — o primeiro na história colorada.

Dias antes da final, na concentração de um hotel próximo ao estádio, sonhou que seria dele o gol da vitória. Ao acordar, sentiu uma convicção tão forte que telefonou à esposa, Milene, pedindo para ela providenciar uma camiseta escrita "Obrigado, Jesus". Usaria embaixo da sua vermelha número 7. O Inter precisava apenas do empate no jogo de volta, depois de ter vencido no Morumbi por 2 a 1.

Aos 20 minutos do segundo tempo, o São Paulo tinha a vantagem de um gol (2 a 1). Nos 38 segundos seguintes, o capitão colorado Fernandão pegou um rebote de cabeceio por ele mesmo lançado — e milagrosamente defendido pelo goleiro Rogério Ceni — e, da ponta esquerda da pequena área, girou e cruzou a bola para Tinga, que estava ali sozinho. Ele se abaixou e marcou o gol de cabeça. A América era vermelha! A torcida de 57.554 pessoas foi à loucura. O Inter destronava o campeão mundial.

Na comemoração, enquanto corria, Tinga levantou parte da camisa para agradecer a Deus. Ergueu as mãos ao céu e desapareceu em meio aos abraços dos companheiros. Aquele gol tinha todos os significados. Era decisivo numa Copa Libertadores, a favor do seu time do coração e dentro de "casa", no Beira-Rio. Em poucos segundos, um filme passou em sua cabeça. Lembrou-se das peneiras fracassadas, das idas e vindas sofridas de ônibus até o estádio, dos jogos vistos da coreia, dos ídolos colorados, do seu sonho de menino nos campinhos da Restinga.

No meio da festa, com os torcedores eufóricos gritando o seu nome, o árbitro mostrou-lhe o cartão amarelo. Era o segundo na partida, e Tinga estava expulso por mostrar sua fé e gratidão religiosa em outra camiseta. Do delírio, passou a viver uma aflição torturante. Saiu arrasado do gramado rumo ao vestiário. De herói poderia virar vilão se o São Paulo ganhasse o jogo no restante do tempo.

Foram os piores 28 minutos da sua vida. Sozinho, começou a imaginar manchetes catastróficas da imprensa no dia seguinte. "Ex-jogador do Grêmio faz Inter perder título histórico". Mais um agravante: dois meses antes, Tinga havia sido vendido para o Borussia Dortmund, da Alemanha. A única exigência do presidente Fernando Carvalho, antes de liberá-lo, era que jogasse a Libertadores. Imaginou o cenário e previu um massacre da mídia e da torcida acusando-o de negligência se o adversário triunfasse.

Então, ajoelhou-se e começou a rezar. A acústica na rouparia não permitia acompanhar o que acontecia em campo. Aos 48 minutos, quando o juiz encerrou a partida e o roupeiro Gentil de Souza Passos entrou gritando "somos campeões", Tinga o abraçou forte e começou a chorar. Subiu para encontrar os companheiros se sentindo anestesiado, tal a intensidade daqueles momentos vividos no vestiário.

Finalizada a cerimônia, a entrega da taça, as fotos e as entrevistas, saiu do Beira-Rio com a esposa e o filho e voltou de carro para casa. Decidiu não ir comemorar com a equipe na Churrascaria Barranco. Pensou em quem o acolheria com o mesmo carinho em caso de vitória, ou sem críticas, se o time não tivesse conquistado o troféu continental. Naquele 16 de agosto, Tinga tem certeza de que viveu todas as emoções possíveis tanto como jogador de futebol quanto como torcedor do Inter. Foi uma libertação.

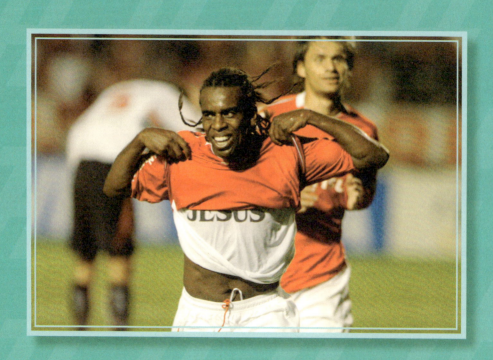

# # PARA REFLETIR

**1.** Do êxtase em campo ao drama no vestiário, as fortes emoções fizeram Tinga vivenciar, com resiliência, o mesmo sofrimento do torcedor na arquibancada e toda a tensão e responsabilidade como jogador. Saiu do episódio com força interior e maturidade para lidar com a adversidade de forma mais leve.

# BORUSSIA, A "FACULDADE" ALEMÃ

O Internacional ganhou a primeira Copa Libertadores da América numa quarta-feira, e Tinga embarcou para a Alemanha na sexta. Viajou consagrado por ser o autor do gol que deu o título inédito ao colorado. Mas ainda hoje ouve de torcedores o lamento: "Não precisava ser tão sofrido". Os 28 minutos dramáticos depois do gol, da sua expulsão e de a equipe desfalcada segurar o placar em 2 a 2 até o final ficaram para sempre na memória — assim como uma cobrança carinhosa dos fãs por ele ter ido embora do Brasil e não integrar o time que conquistou o Mundial de Clubes da Fifa, em dezembro de 2006.

As vivências serviram de grande aprendizado, inclusive na adaptação à cultura germânica. Tinga considera os quatro anos em que jogou no Borussia Dortmund como a sua "faculdade" dentro e fora do mundo do futebol. Foi transferido ao clube alemão por 2,9 milhões de euros. O ajuste técnico em campo foi o mais fácil. Em 121 partidas marcou 13 gols. Nunca jogou para menos de 63 mil torcedores. Teve o privilégio de ser treinado por Jürgen Klopp, técnico aclamado na Europa por ter o dom de transformar tanto os jogadores sob seu comando quanto os times que o contratam.

A rotina operacional nos treinamentos e no vestiário era bem diferente da brasileira. Sem mordomias ou hierarquia. Cada jogador, por exemplo, lavava o barro ou a neve da sua chuteira com escova e sabão depois de jogos e treinos. Os novos contratados carregavam goleiras, independentemente da idade ou do status no grupo.

Encantou-se ao ver estádios lotados na Bundesliga, com 80 mil pessoas. Admirava aquele país onde tudo funcionava com a melhor qualidade. O colega de time Dedê, mineiro que jogava há anos no Borussia, foi peça fundamental no apoio e ajuda à sua família. Entender a rigidez dos costumes alemães e se enquadrar a eles demorou um pouco, no entanto valeu muito a pena. Tinga passou por uma transformação.

Na primeira semana na cidade de Dortmund, em um dia de sol, resolveu lavar o carro em frente à casa. Enquanto limpava com a mangueira, um veículo da polícia estacionou na frente do seu. O policial desceu e se dirigiu em tom de reprimenda. Sem entender o idioma, Tinga percebeu a advertência. Ligou para o seu intérprete e relatou a reprovação, imaginando não ter qualquer motivo. O tradutor insistiu em compreender o que ele estava fazendo. Quando soube da lavagem, explicou que era proibida no bairro. Havia dias e locais adequados àquela tarefa, usando água reaproveitada.

Nas férias, Tinga, Milene e Davis viajaram ao Brasil. Ficaram 40 dias curtindo amigos e familiares. Na volta, ao chegarem em casa, em Dortmund, encontraram uma notificação e multa por terem esquecido a luz de um banheiro acesa.

O enquadramento mais severo veio dois anos depois por não ter uma carteira de habilitação local. O documento é exigido em alguns países da Europa após seis meses de permanência. Os companheiros do Borussia o alertaram dessa necessidade. Ele fez o exame teórico três vezes e foi reprovado. Como dirigia com uma licença internacional, acreditou estar isento de problemas, sobretudo por jogar em um time tão popular.

Certo dia, ao levar Davis à escola, foi parado por um agente de trânsito. Ao mostrar a permissão internacional, a autoridade avisou que não valia, e reteve seu carro. Em menos de 20 dias, estava em uma audiência na qual seria julgado por crime de trânsito. Ao entrar no fórum, viu três camisas do Borussia sobre a mesa do juiz. O magistrado, na maior simpatia, pediu autógrafos. Tinga caprichou nas dedicatórias e ficou tranquilo, esperando uma decisão favorável do soberano torcedor.

CHAMANDO ATENÇÃO DA SORTE

Ao anunciar a sentença, o juiz explicou que, em consideração ao fato de Tinga levar as crianças à escola — o filho caçula Daniel havia nascido em 2007, no Brasil —, daria um desconto na multa. A pena de 63 mil euros deveria ser paga em 30 dias. Tinga custou a acreditar, pensou ter ouvido mal. Seu advogado confirmou a quantia. O critério do magistrado como profissional nada tinha a ver com o fato de ser fã do craque do Borussia. Nunca mais Tinga dirigiu um carro no país.

Costuma dizer que chegou à Alemanha, aos 28 anos, com uma cabeça, e saiu, aos 32, com outra. Entendeu como uma nação é capaz de se reconstruir com excelência mesmo após uma guerra. Aprendeu que, na criação dos filhos, é mais difícil educar na sobra do que na falta. Valorizou a disciplina, o respeito, o planejamento e a educação por meio do esporte. Reconheceu o valor riquíssimo desses conceitos e atitudes e os incorporou na gestão dos seus projetos de vida. Na despedida do Borussia, recebeu da direção um quadro com uma foto, o escudo do clube, flores e uma placa. Elegeu para sempre a Alemanha como sua referência.

# # PARA REFLETIR

**1.** Características da cultura alemã valorizadas por Tinga: pontualidade, disciplina, eficiência, qualidade em todas as coisas e trabalho duro. Apreço pela ordem, imparcialidade e restrições para qualquer pessoa que infringe alguma regra.

> "É o tipo de pessoa em quem se pode confiar."
>
> **Dedê**
> Ex-jogador de futebol, amigo e embaixador do Borussia

"A gente conhece muitas pessoas no futebol, mas faz poucos amigos. O Tinga, a Milene e os filhos são meus amigos de verdade. Eu o considero uma referência no futebol. Na fase mais difícil do Borussia, quando o clube estava se reconstruindo e apostou no Tinga, ele trouxe uma luz para o time. Era um líder, um jogador experiente, cheio de alegria e leveza. Exercia liderança sem gritar, sem gesticular. Um guerreiro em campo. A gente via a luta dele no gramado e abraçava aquela luta. Ele motivava a equipe, e o seguíamos de forma natural. Confiávamos nele. Encaro a sua chegada à Alemanha como um anjo enviado por Deus. É, definitivamente, um cara diferente. Alegre, brincalhão, comunicativo. Sabe chamar a atenção de alguém com um sorriso no rosto. A experiência de vida fora do Borussia também foi intensa. Tinga e a família se sentiam acolhidos comigo. Tivemos uma conexão espontânea. Eu também nasci na favela e comecei a trabalhar lavando carros aos sete anos. Em Dortmund, consegui ajudar um pouco na adaptação deles ao país onde eu já vivia há nove anos. Depois dos *treinos, às vezes ele chegava à minha casa antes de mim. Morávamos próximo, 300 metros separavam a casa deles da minha. Davis e Dani eram pequenos e vinham caminhando, em segurança. Convivemos bastante, num clima muito bom. Fazíamos churrasco, jogávamos bola, cartas, videogame. A disciplina alemã também foi uma boa influência na educação dos meninos. É um país onde tudo funciona, e as regras são válidas para todos. Tinga e Milene amadureceram muito como pais, criando os filhos num lugar seguro e se sentindo em casa, apesar do idioma. No futebol, uma das coisas que o marcou era a presença e o carinho da torcida em todos os jogos com estádios lotados. Mesmo quando o Borussia perdia, os torcedores aplaudiam. Nossos carros ficavam estacionados embaixo da arquibancada, e saímos sendo incentivados pela galera. Ele comentava comigo que dinheiro nenhum pagava aquele respeito, tanto na hora boa quanto na ruim. Até hoje mantemos um contato próximo. Tinga é como um irmão para mim. É o tipo de pessoa em quem se pode confiar. A convivência com ele e a família foi um dos maiores títulos que conquistei."*

# RETORNO AO INTER E APOSENTADORIA NO CRUZEIRO

Ao final do contrato com o Borussia Dortmund, Tinga estava sendo disputado pelo Fluminense e por clubes do futebol árabe. Os dirigentes cariocas foram até Amsterdã encontrá-lo e negociar o passe. Acertaram a transferência. Em fevereiro de 2010, seu empresário, Tadeu Oliveira, foi passar o carnaval no Rio. Encontrou o presidente do Inter, Fernando Carvalho, e num camarote da Marquês de Sapucaí avisou da mudança de time do ídolo colorado.

Carvalho entrou na concorrência. O coração de Tinga bateu mais forte quando soube do interesse. O Sport Club Internacional venceu. O volante veterano retornava ao clube do coração disposto a vestir o manto colorado em mais uma passagem vitoriosa. Na chegada a Porto Alegre foi acolhido por 200 torcedores no Aeroporto Salgado Filho. Estava de volta à sua casa, o estádio Beira-Rio.

O Inter disputava a fase semifinal da Libertadores. Depois dos primeiros treinos, o técnico Celso Roth o chamou e disse que ele seria o capitão do time. O treinador levava em conta sua experiência vitoriosa na campanha de 2006, ao lado de Fernandão, Clemer e outros. Tinga recusou. Não achava justo ingressar no meio da competição, na qual outros colegas batalhavam desde a primeira fase, e levantar a taça de campeão antes de todos. Acreditava no grande potencial da equipe, mas naquele momento seu comando talvez impactasse menos o grupo.

Sugeriu a Roth escolher outro jogador e explicou que poderia exercer liderança mesmo sem a faixa de capitão. Tinga observa que o líder não precisa estar sempre à frente e ser o protagonista para exercer o seu papel. Nunca foi capitão dos times onde jogou, nem por isso deixou de ter voz em todo o tipo de debate nos clubes. Os verdadeiros líderes conduzem com ideias e sabem a hora certa de assumir uma transformação.

Nesta segunda vez, Tinga esteve presente nas maiores conquistas do clube: a Copa Libertadores da América, em 2010, a Recopa Sul-Americana, em 2011, e o Campeonato Gaúcho, também em 2011. Teve o privilégio de fazer parte das duas campanhas campeãs do título continental. Sua experiência, a liderança em campo e a confiança transmitida aos companheiros eram características da maturidade como jogador.

Na semifinal do Mundial de Clubes, foi titular no confronto contra o africano Mazembe que culminou na surpreendente derrota do colorado por 2 a 0. Decepção marcante não só como jogador bicampeão da Libertadores, mas também como torcedor. Em coletiva depois da competição, falou em nome do grupo e não apontou culpados. Disse que a equipe nunca subestimou o adversário e a responsabilidade do resultado era de todos os jogadores.

Aos 34 anos e após quase dois no Internacional, acertou de forma amistosa a sua ida para o Cruzeiro. Assinou contrato por três anos. Saiu com o time festejando o título do Gauchão. Foi uma das decisões mais difíceis da sua carreira, mas considerou a hora de experimentar outro projeto interessante de futebol. No clube mineiro foi bicampeão brasileiro e conquistou um Campeonato Mineiro.

Em agosto de 2014, teve uma lesão grave durante um treino na Toca da Raposa II. Numa atividade descontraída, ao dividir a bola com o goleiro Rafael, que tentava fechar espaço, foi derrubado e sofreu uma fratura nos ossos tíbia e fíbula da perna direita. Deixou o campo na maca direto para o hospital.

Dentro da ambulância, aos 37 anos, Tinga sentiu que sua vida mudaria a partir daquele episódio. Chegara o momento de parar. Pela idade, havia pensado na possibilidade de se aposentar do futebol, mas não tinha definido profissionalmente seu futuro. Com a esposa Milene, era dono da agência de viagens Sieben Tour, em Porto Alegre, administrada pelo cunhado Guilherme Silva. Precisava traçar novos rumos.

Quando saiu da cirurgia e retornou ao quarto, os jogadores e dirigentes do Cruzeiro o esperavam. O gesto de amizade e consideração da equipe o comoveu. A longa recuperação, contudo, não permitiu que jogasse o restante da temporada.

Como a lesão ocorreu seis meses antes do final do contrato, por lei o clube teria de renová-lo por mais um ano. Mesmo fazendo uma boa reabilitação com as sessões de fisioterapia, Tinga sentia que não voltaria a jogar o mesmo futebol. A equipe médica insistia nos cuidados, e os dirigentes, na renovação, inclusive para evitar futuros problemas na Justiça. O atleta agradeceu a confiança e abriu mão de um contrato no qual ganharia mais do que iria entregar. Assinou um documento liberando o Cruzeiro de qualquer compromisso. Voltou ao Sul deixando as portas abertas em Belo Horizonte.

# # PARA REFLETIR

**1.** O líder não precisa estar sempre à frente para exercer o seu papel. Pode ter voz em todo tipo de debate mesmo não sendo o protagonista. Os verdadeiros líderes conduzem com ideias e sabem a hora certa de assumir uma transformação.

**2.** Aposentar-se do futebol é uma das decisões mais difíceis, sobretudo pela falta de segurança no futuro se não houver planejamento prévio. No caso de Tinga pesava, além do fato de deixar de fazer a única coisa que sabia profissionalmente, ter de se reinventar, aos 37 anos, somente com os conhecimentos da 5ª série.

> **"Ele pensa fora da caixa e gera valores com seu comportamento."**
> **Leonardo Renan Simões de Lacerda (Léo)**
> Ex-zagueiro do Cruzeiro

"A vivência com o Tinga no Cruzeiro foi especial, de grandes ensinamentos de vida e contribuiu demais para o meu crescimento pessoal. Tive conquistas dentro e fora do futebol a partir do que aprendi com a sua forma realista e humana de agir. Fomos colegas em campo e, depois, fui dirigido por ele. Criamos uma relação próxima, é meu padrinho de casamento. Inúmeras vezes, Tinga foi na contramão do que o sistema impõe no futebol com atitudes que não eram vantajosas financeiramente. Quando gerente, por exemplo, lembro como defendeu a renovação de contrato do atacante Judivan, que se recuperava de lesões e cirurgias no joelho, para não o deixar sem um suporte. Seu caráter, valores e princípios humanos proporcionavam um retorno aos atletas e ao clube muito maior do que somente dinheiro. A liderança tanto como jogador quanto como gerente de futebol se impunha pela forma empática, correta e leal de agir, sem nunca perder a autoridade. O Tinga sempre está do lado certo das situações. Vê o futebol e as pessoas de forma diferente. Pensa fora da caixa e se posiciona em momentos *importantes gerando valores com o seu comportamento. O trabalho na causa social que desenvolve também me influenciou muito. Até hoje participamos do projeto evangélico, na Restinga, Aspirantes de Cristo, criado pelo Charles Dan com o Tinga na Restinga — ainda quando morava na Alemanha — e que atende famílias distribuindo alimentos. Deixou a sua marca como atleta, dirigente e pessoa respeitada por todos."*

O LÍDER NÃO PRECISA ESTAR SEMPRE À FRENTE PARA EXERCER O SEU PAPEL. OS VERDADEIROS LÍDERES CONDUZEM COM IDEIAS E SABEM A HORA CERTA DE ASSUMIR UMA TRANSFORMAÇÃO.

#CHAMANDOATENÇÃODASORTE

#CHAMANDOATENÇÃODASORTE

# PARTE

# NASCER DE NOVO E VOLTA ÀS AULAS

Foi na presença de um auditório lotado do TEDx, em Porto Alegre, onde fazia uma palestra sobre racismo, que Tinga anunciou sua aposentadoria do futebol. Emocionado, divulgou, em primeira mão, uma decisão desconhecida até mesmo pelo Cruzeiro, no qual encerrava seu contrato. Aos 37 anos, depois de uma carreira vitoriosa como atleta, despedia-se das chuteiras. Disse estar orgulhoso em comunicar a escolha a um grupo de pessoas que acreditava ser possível fazer do mundo um lugar melhor através de pequenas atitudes. Foi aplaudido de pé. Era abril de 2015.

Em casa, brincou com Milene sobre seu novo status profissional. Juntos há mais de duas décadas, agora seria a vez de ela trabalhar por 20 anos e, depois, iriam curtir a vida. A esposa abraçou a ideia. A Sieben Tour Agência de Viagens havia sido um presente de aniversário de Tinga a pedido dela um ano antes. Além de investidor, ele acompanhava de perto o negócio que leva a sua imagem na marca e na divulgação.

Os dois primeiros meses de aposentado foram tranquilos. No terceiro, passou a se sentir incomodado e decidiu voltar a estudar. Como pensava em empreender e criar um novo modelo de vida, procurou o Colégio Monteiro Lobato, incentivado pela amiga e gestora educacional Cintia Eizerik — havia conhecido a educadora em um projeto de ensino do Grêmio para os jogadores. Matriculou-se na Educação de Jovens e Adultos (EJA). A ideia era continuar a partir da 5ª série, de onde tinha parado.

O curso ficava na Rua dos Andradas, no Centro de Porto Alegre. Até chegar ao local bastante movimentado, Tinga era reconhecido, solicitado para fotos e ouvia pessoas gritando "Volta pro Grêmio!", "Volta pro Inter!". Sentia uma mistura de sentimentos. Às vezes vergonha — e se escondia atrás de toucas e bonés, caminhando pelas ruas centrais —, em outras, coragem por ter retomado os estudos. Nos primeiros dias em sala de aula, escutava os cochichos: "Será que é ele?" e "Será que é tão burro como nós?". Achava engraçado e se divertia com os colegas, dando autógrafos e tirando fotos.

Um dia, na saída da EJA, encontrou o amigo Amauri Afonso em frente ao Farol Santander. Ele perguntou o que Tinga fazia no centro da cidade. Encabulado, respondeu que voltava do colégio. A reação de Amauri, até hoje, ele não esquece: parecia ter visto um golaço do companheiro, tal o seu contentamento. Tinga ficou motivado com aquela atitude positiva; afinal, acostumou-se a provocar alegrias assim apenas quando jogava bola. Estava no caminho certo, pensou.

No Monteiro Lobato, a professora entrava em classe e Tinga suava frio. Não entendia quase nada dos conteúdos e morria de vergonha de perguntar. Até que, cheio de dúvidas, deixou o receio de lado e levantou a mão. Aquele gesto mudou tudo. Professora e colegas, todos queriam ajudá-lo. Vibrou ao conseguir calcular porcentagem. Entendeu, então, que as perguntas movem o mundo. O retorno aos estudos o estimulou a aumentar a disciplina, a coragem e a humildade de chegar a novos ambientes onde não era o protagonista, mas tinha vontade de sobra para aprender.

# # PARA REFLETIR

**1.** Coragem, disciplina e humildade são fundamentais para dar uma nova chance a si mesmo e recomeçar na vida.

**2.** Nunca se deve ter vergonha de perguntar. Perde-se tempo e oportunidade de aprender quando se mostra conhecimento sobre algo que se ignora. As perguntas movem o mundo.

# NUNCA SE DEVE TER VERGONHA DE PERGUNTAR. AS PERGUNTAS MOVEM O MUNDO.

#CHAMANDOATENÇÃODASORTE

# PERGUNTAS MOVEM O MUNDO

Durante um ano, Tinga cursou a EJA. Sua curiosidade e sede de conhecimento extrapolavam a grade curricular do Ensino Fundamental. Com vivência somente no mundo do futebol e dando os primeiros passos como empresário, precisava entender de economia, finanças, política e relações internacionais. Queria saber como e por que as coisas funcionavam, descobrir a fundo o significado de tudo o que pudesse fazê-lo se desenvolver no ambiente corporativo e na gestão de pessoas. A solução, pensou, era buscar as respostas na fonte. Criou a hashtag #curiosidadenãotemcura.

Listou uma dezena de bem-sucedidos empresários, de diferentes áreas, como Clovis Tramontina, Jorge Bischoff e Gustavo Caetano. Elaborou uma série de perguntas e agendou os encontros. O plano era aprender com quem sabia. Pediu que lhe permitissem conhecer de perto cada uma das iniciativas, para desenvolver suas próprias percepções sobre o mundo dos negócios. Convicto de que quanto melhor fosse o seu repertório, mais capacitado ficaria para empreender com segurança, montou uma espécie de MBA próprio e prático.

Começava ali a traçar o caminho que o levaria a se tornar empreendedor. Um questionamento recorrente era saber qual o maior desafio enfrentado por esses gestores. A resposta unânime: gerir pessoas, sobretudo no atual e crescente contexto tecnológico. Uma luz se acendeu para Tinga. O serviço ou produto que fosse criar e colocar no mercado teria de atender a essa necessidade premente do mundo do trabalho.

Em paralelo, era presença frequente em palestras que pudessem saciar sua curiosidade sobre diversos assuntos. Assistia com um caderno em mãos. As folhas eram divididas em duas colunas: o que fazer e o que não fazer. Saía de algumas conferências entusiasmado. De outras, pensava que, se fosse ele a ministrar o tema, faria de outra forma, mais acessível ao público.

Com a mente fervilhando de ideias, resolveu criar a sua própria palestra e entregar um conteúdo que não havia visto ninguém abordar. Uma apresentação baseada na simplicidade, relatando experiências práticas vividas por ele, com lições aprendidas e possíveis de serem aplicadas. O nome

*Gestão Além da Planilha* veio do apelido de "gestor além da planilha" dado a Tinga pelo diretor de futebol do Cruzeiro, Klauss Câmara, pela sua facilidade em resolver problemas complexos muito além do gerenciamento de dados por meio das planilhas de Excel.

Nas visitas aos gestores de empresas, Tinga também apresentava a Sieben Tour. No networking, conquistou muitos clientes para a agência de viagens. A confiança no seu nome e a credibilidade da trajetória construída dentro do futebol abriram portas e selaram novas parcerias. Percebeu que, mesmo vendendo algo intangível, como o turismo, o principal ativo de seu negócio era a confiança. Com as palestras e a Sieben Tour, o "avião" de Tinga percorreu a pista dos negócios durante 2015 e 2016 e voltou ao hangar. O motivo? O mundo do futebol o aguardava com uma surpresa.

## # PARA REFLETIR

**1.** É fundamental ter curiosidade e vontade de aprender como e por que as coisas funcionam.

**2.** Quanto maior e melhor é o seu repertório, mais capacitado você está para empreender com segurança.

**3.** O maior desafio no mundo corporativo é a gestão de pessoas, sobretudo no atual momento de protagonismo da tecnologia.

# O MAIOR DESAFIO NO MUNDO CORPORATIVO É A GESTÃO DE PESSOAS.

#CHAMANDOATENÇÃODASORTE

# DIRIGENTE NO CRUZEIRO

Em dezembro de 2016, Tinga recebeu o convite para voltar ao Cruzeiro. A proposta balançou o palestrante que acabara de começar a nova atividade. Desta vez, o time celeste de Belo Horizonte o queria como gerente de futebol. Um desafio para o qual não hesitou e se sentia preparado. Na decisão, contaram ainda a ótima relação com o clube e o ambiente familiar. Do plantel de 25 jogadores, 19 haviam jogado com ele dois anos antes. Era padrinho de casamento de três e amigo de todos os funcionários.

O presidente Gilvan Tavares e o vice de futebol Bruno Vicintin perguntaram a Tinga como pretendia gerenciar uma equipe de cuja maioria havia sido colega. A coerência seria a sua vantagem, respondeu. Não pediria aos jogadores nada

*CHAMANDO ATENÇÃO DA SORTE*

além do que ele já tinha feito dentro e fora de campo. Referia-se não apenas ao futebol, mas ao profissionalismo, à conduta e ao comportamento para superar possíveis desacertos.

A experiência com o grupo de 2017 se mostrou fantástica. Estratégia, empatia e muita conversa marcaram sua gestão. Na pré-temporada dos times brasileiros, todos os jogadores costumam começar motivados, sem saber ainda quem será escalado pelo técnico. Cerca de dez dias depois, quando o treinador inicia a seleção dos titulares, é comum surgirem as contrariedades.

Com bom acesso a todos, a principal função de Tinga era administrar problemas. De novo ocupava uma posição de meio-campista no futebol, mas agora como um executivo articulador das sensíveis relações entre o presidente do clube, o técnico, os atletas, a torcida e a imprensa.

Os ventos lhe sopravam favoráveis. A confiança gerada pela sua trajetória como volante vitorioso e líder em campo possibilitou a execução de um bom trabalho no Cruzeiro junto aos dirigentes e à equipe técnica comandada por Mano Menezes. Por experiência, Tinga sabia que os onze titulares do início da temporada, de modo geral, não são os mesmos no encerramento das competições.

Com habilidade, montou uma planilha ilustrando essa situação em anos anteriores. Quando um jogador se ressentia por estar no banco e queria sair do clube, o gerente de futebol puxava a planilha com os dados e recorria à diplomacia. Aconselhava os atletas, mapeando outros fatores vantajosos além das quatro linhas, pedia paciência e os ajudava a fazer escolhas baseadas em informações. Também servia de escudo aos jogadores, sendo o porta-voz nos embates com a torcida.

No final daquele ano, apesar da vivência gratificante no time que conquistou a Copa do Brasil, Tinga decidiu abandonar o mundo do futebol. Estava cansado da instabilidade de viver entre vitórias e derrotas. Sua personalidade perfeccionista ainda tinha dificuldade de lidar com tanta vulnerabilidade no cenário corporativo do esporte. Aliado a isso, o Cruzeiro enfrentava uma fase financeira difícil, com atraso de salários e troca da diretoria. Recebeu uma proposta para renovar o contrato pelo dobro e recusou.

Não foi fácil tomar a decisão. Tinga precisou dizer não a si mesmo. Estaria fazendo a coisa certa? Abrir mão do futebol significava se afastar da única carreira na qual era um profissional de fato. Gerenciar a vida de outra forma. Enfrentar o desconhecido, talvez o tempo de sobra disponível, a receita incerta no final do mês. O aspecto positivo foi perceber o quanto ainda era jovem para dar seguimento a uma nova jornada com êxito. Vontade não lhe faltava.

A experiência em Belo Horizonte foi decisiva para ter segurança de fazer a transição de carreira. Tinga partiu do clube mineiro pronto para desenvolver novos projetos profissionais fora do nicho do futebol. Voltou a Porto Alegre e recomeçou do zero sua jornada como palestrante.

# # PARA REFLETIR

**1.** Gerenciar uma equipe de cuja maioria se foi colega exige muita coerência de atitudes do novo gestor. Não exigir nada além do que entregava quando era subordinado, como profissionalismo, conduta correta e comportamento assertivo para superar erros e desafios.

> "É um sábio, com a capacidade de entender, refletir e encontrar soluções."
> **Guilherme Mendes**
> Ex-diretor de comunicação do Cruzeiro

"Conheci Tinga pessoalmente em maio de 2012. Ele desembarcara na Toca da Raposa II com a missão de ser muito mais do que um grande reforço para o nosso time. A diretoria sabia que o ex-colorado estava vivendo seus últimos anos como atleta, mas ele tinha, naquele momento da carreira, algo muito precioso no esporte: a experiência com uma rara sabedoria que poucos conseguem atingir. Desde o nosso primeiro dia de convivência, Tinga narrava com enorme simplicidade dezenas de episódios de situações delicadas nos bastidores. Ele havia conseguido resolver quase todos com muita habilidade. Não foi só a vida que levara aquele jogador de futebol a se tornar um homem sábio; a capacidade de entender, refletir e encontrar soluções é algo que claramente nasceu com esse cara. Quando o meu celular tocou naquela tarde do verão em 2016, parecia apenas ser uma ligação de amigos para matar a saudade. Do outro lado da linha, a mesma voz baixa e a fala cadente do velho parceiro enchiam meu coração de alegria.

*Como é bom ter o privilégio de saber que o nosso "ministro" parou tudo o que estava fazendo para me chamar. Mas em poucos segundos veio a maior surpresa que eu poderia imaginar. Quase balbuciando, Tinga revela que está vindo a Belo Horizonte para retornar ao Cruzeiro. "Como assim?", ansioso eu me pergunto imediatamente. A resposta vem com uma breve explicação, dois dias depois nos encontramos para tomar um café. Nosso bicampeão brasileiro está prestes a ser agora gerente de futebol. No bate-papo, Tinga resumiu o último ano em que focou em estudos de gestão. Ele estava pronto para dar outro passo no esporte. Eu já não tinha mais nenhuma dúvida de que daria muito certo. Tive a oportunidade de vivenciar diversas situações desafiadoras com Tinga dentro e fora de campo e posso dizer que esse gaúcho da Restinga é um homem iluminado, um ser que consegue enxergar com a alma, simplesmente um gênio."*

# JOGADA DE MARKETING E GOL COMO PALESTRANTE

Aos 39 anos, fora da bolha do futebol, Tinga queria fazer coisas novas. Ir muito além do mundo esportivo que talvez o levasse a ser técnico, dirigente ou agente de jogadores. Queria ter um diferencial no mercado. Não ser lembrado apenas pelas vitórias conquistadas no passado. Queria ser e manter-se atual. Com experiência em gestão de pessoas e de conflitos no futebol e com o que havia aprendido com os empresários, retomou seu projeto como palestrante e homem de negócios.

Apostou no crescimento da Sieben Tour by Tinga, agência de viagens em sociedade com a esposa Milene, uma empresa de turismo baseada na sua imagem e credibilidade. A cultura da casa, costuma dizer, faz a direção e os funcionários tomarem decisões tendo o seu modo de agir como referência,

###### CHAMANDO ATENÇÃO DA SORTE

mesmo quando ele não está acessível para deliberar. A reputação de confiança e credibilidade conquistada no futebol e no ramo turístico atraiu novos clientes e oportunidades.

Antes de mergulhar fundo no ramo das palestras, Tinga foi a Belo Horizonte se capacitar na Smartalk, uma das maiores especialistas em treinamento para transmitir mensagens de forma memorável e profissional. Levou sua apresentação com poucos slides e foi avaliado por uma equipe que lhe apontou todos os pontos a melhorar. Os convites começaram a surgir. Com o aparato do que havia ouvido nas organizações visitadas, foi incluindo novos temas e abordagens. Seu cachê era de 7 mil reais, e a maioria das palestras eram realizadas no interior do Rio Grande do Sul, para onde se deslocava de ônibus.

Numa noite em casa, véspera de uma conferência que faria na tarde seguinte em Santo Ângelo, na região das Missões, por volta das 22h recebeu um telefonema. Era o empresário de futebol Vinicius Prates, seu vizinho de condomínio. Estava na outra linha com o vice-presidente do Internacional e mostrava urgência em lhe falar. Tinga pediu que viesse até ele — poucos metros separam as duas residências. Prates chegou entusiasmado e colocou a proposta na mesa: o colorado o queria como diretor de futebol e pagaria cerca de 300 mil reais por mês. Era pegar ou largar!

Tinga pediu um tempo para pensar. Às 23h30 tomou o rumo da rodoviária e embarcou no ônibus direto para Santo

Ângelo. Passou a madrugada em claro, em conflito se deveria aceitar a oferta do Inter ou seguir na sua nova trajetória.

Pensava que o valor que recebia por suas palestras estava muito longe do que ganharia como um prestigiado executivo de futebol de um time gigante e, além disso, do coração. Chegou à cidade às 6h e encontrou o hotel ainda fechado. Bateu à porta e a recepcionista o avisou que não havia um quarto vago, o check-in seria às 11h. Tinga se sentou na recepção, pensou nas dificuldades do novo caminho, na proposta que era o sonho de qualquer profissional, e chorou.

Quando o quarto foi liberado, subiu, largou a mochila, deitou-se e, em vão, tentou dormir. Atormentado, voltou a chorar e resolveu pedir ajuda divina para tomar a decisão certa. Dobrou os joelhos e rezou. Disse a Deus que estava em paz e feliz na sua nova jornada e Ele não precisava colocar no seu caminho uma tentação tão grande. Terminou a oração convencido de que não deveria desistir do seu sonho. Seguiria como um aprendiz pela vida e com a satisfação de tocar as pessoas com suas palavras. Estava seguro de que nem tudo é dinheiro.

Depois desse fato marcante, decidiu se lançar no mercado oficialmente como palestrante em 2018. Planejou uma jogada de marketing na qual ele mesmo iria se promover como palestrante. Organizou um grande evento no Barra Shopping Sul, em Porto Alegre. Dividiu o palco com Gustavo

Caetano, fundador da Sambatech, guru em transformação digital e empreendedorismo. No telão, lia-se: *Gestão Além da Planilha (GAP) apresenta Gustavo Caetano e Tinga*. Um lance arrojado, como se a sua própria criação — a *GAP* — o tivesse contratado. Renato Schmidt, preparador físico, amigo e parceiro desde os primeiros tempos no Grêmio, ajudou a desenvolver o conceito da palestra e o evento. Gol de placa. Plateia de 700 pessoas.

Com a regra de sempre entregar mais do que promete em seus negócios, Tinga pensou em como demonstrar gratidão às empresas que apoiaram a iniciativa com doações e comprando lote de ingressos. Embaixo de várias cadeiras do auditório havia um cartão com o nome de um prêmio. Do palco, o público foi convidado a chamar atenção da sorte e olhar embaixo dos assentos: encontraram cartões onde estava escrito ar-condicionado, máquina de café, bolas de futebol, camisetas de times, entre outros. Alegria geral!

Naquele evento aconteceu a grande virada. A partir de uma audiência qualificada, no dia seguinte Tinga recebeu sete convites para palestrar. Também contava com um vasto material de divulgação, composto de fotos no palco, salão lotado, equipe de apoio uniformizada e o telão exibindo a sua nova marca: *Gestão Além da Planilha*. Uma jogada de marketing finalizada em gol. Lembrou-se do que havia escutado do amigo empresário Gilberto Wichmann: "crises são oportunidades, é só tirar o 's' de crise". Ele havia criado a sua. Saiu do Barra Shopping vencedor.

# # PARA REFLETIR

**1.** Um bom profissional em idade produtiva não pode ser lembrado apenas pelas vitórias conquistadas no passado. É preciso ser e manter-se atual.

**2.** A cultura de uma empresa é conhecida quando a direção e os funcionários tomam decisões tendo como referência o modo de agir do líder, mesmo sem a sua presença.

**3.** Nunca se deve desistir de um sonho profissional que traga paz e felicidade. Nem tudo na vida se faz por dinheiro.

**4.** A regra para se manter em alta no mundo dos negócios é entregar sempre mais do que se promete e demonstrar gratidão aos apoiadores.

> **"Tinga aproveitava as oportunidades sem se sentir pressionado."**
> **Renato Schmitt**
> Amigo, mentor e primeiro treinador físico no Grêmio

"Eu era preparador físico da categoria de base do Grêmio quando conheci o Tinga como atleta juvenil. De cara me encantei com o comportamento dele, sempre interessado nos treinos e puxando a fila. Quando subimos para o time profissional, um dia ele se machucou e ficou um bom tempo comigo se recuperando da lesão. Estreitamos os laços, e vi nele mais um diferencial: a curiosidade. Um interesse real de entender como as coisas funcionam. Demonstrava inteligência ao tomar uma decisão quando estava com a posse de bola. Valorizava o momento, visando a próxima ação com entendimento do jogo. Compensava alguma deficiência física em campo, sem desperdiçar a corrida e os passes se não estivesse bem colocado. Ele antevia as jogadas. Tinga aproveitava as oportunidades sem se sentir pressionado. O maior comprometimento dele era consigo. Isso abriu muitas portas não só no futebol, mas também em novos espaços conquistados na sua carreira como empreendedor. Do Grêmio, nossa amizade seguiu firme. Sempre que ele precisava de reforço muscular ou estava *lesionado, dava um jeito de me achar. Quando se aposentou do futebol, eu atuava em um time na Coreia do Sul. Ele me ligou dizendo que tinha novos projetos. Gostaria da minha participação, a partir da vivência das palestras que eu fazia em faculdades. Balancei. O clube coreano aumentou a proposta para eu ficar. Decidi aceitar o novo desafio até pelo sentimento que tenho pelo Tinga. No Brasil, participei ativamente no by Tinga, projeto de videoaulas de futebol para crianças e adolescentes darem os primeiros passos como atletas. Criamos a sua identidade visual. Depois, o ajudei no lançamento do ciclo de palestras* Gestão Além da Planilha. *Tinha total carta branca. A confiança entre nós era absoluta. Disse que as pessoas teriam a expectativa de ouvi-lo sobre três coisas: racismo, a expulsão no jogo contra o Corinthians depois de sofrer um pênalti e o gol que deu ao Inter a vitória na Libertadores. Ele até poderia abordar esses fatos, mas era preciso associá-los a situações de vida e de trabalho que fizessem sentido para a plateia. Sugeri que, a cada três slides, ele deveria contar uma história pessoal. No final do evento, no Barra Shopping Sul, todos haviam ido embora, era madrugada, e eu me sentei em frente ao palco com a sensação boa de tudo ter dado certo. Tinga me enviou uma linda mensagem de gratidão, chorando de alegria. Fizemos muitas viagens para o interior do estado levando as primeiras palestras. Tomamos centenas de cafés trocando ideias para aperfeiçoar as apresentações. Até hoje, nossa relação de amizade envolve respeito, grande afeto e cuidado um com o outro."*

NUNCA SE DEVE DESISTIR DE UM SONHO PROFISSIONAL QUE TRAGA PAZ E FELICIDADE. NEM TUDO NA VIDA SE FAZ POR DINHEIRO.

#CHAMANDOATENÇÃODASORTE

# GESTÃO ALÉM DA PLANILHA, UMA HISTÓRIA REAL

O carro-chefe de Tinga como palestrante é a apresentação *Gestão Além da Planilha (GAP)*. Com uma linguagem simples e acessível a todos os públicos, interage de forma descontraída com a plateia, fazendo-a refletir. Por meio de exemplos vividos, mostra princípios, valores e virtudes sobre temas importantes tanto no mundo corporativo quanto na vida, como objetivos, tomadas de decisões, liderança e gestão comportamental.

A palestra é um mosaico formado pelo que Tinga viveu e aprendeu desde a Restinga, no esporte e como empreendedor. Desenvolvida a partir da sua história real, pensou em como poderia entregá-la ao público direcionada a contribuir em questões de trabalho, família, disciplina e solução de problemas. Afinal, cada pessoa enfrenta situações difíceis em diferentes circunstâncias, mas o modo de agir para encontrar a saída é quase sempre o mesmo.

O conteúdo está apoiado em três pilares. O primeiro é a base, contemplada na importância da família e do trabalho. O segundo, a curiosidade, ou seja, não ter vergonha de perguntar, mesmo em um ambiente no qual não se domine o assunto. O terceiro pilar é a decisão e sua famosa consequência. Se decidir não fazer nada, receberá de presente uma caixinha vazia.

Destaca ainda a necessidade de autoavaliação — antes de transferir a culpa aos outros — e de coragem, não como ausência de medo, mas sendo tenaz apesar do medo. Enfatiza a importância do trabalho em equipe e de ninguém ser melhor do que ninguém. Isso significa que, quando somos chefes de nós mesmos, dos nossos sonhos, tudo pode mudar.

As palestras pioneiras de Tinga foram realizadas em cidades do interior do Rio Grande do Sul. Uma das primeiras, na empresa Basf, com somente quatro slides, abriu portas, muitas delas ligadas ao agronegócio. Hoje, a *GAP* tem mais de 30 slides e encontros agendados em municípios de todo o Brasil. Também resultou no desdobramento de outra apresentação, com foco em vendas: *Semeando Clientes*.

O fato de ter jogado duas vezes no time do Grêmio e duas no do Internacional, o famoso Gre-Nal, passou a ser seu patrimônio como marca. Fala sobre isso nas palestras de uma forma que faz sentido para o público. Nada sobre técnicas de futebol ou jogadas finalizadas em gols. *Gestão Além da Planilha* coloca em pauta situações que quase todo mundo viveu, mas sob outro olhar, auxiliando a pessoa a despertar, crescer, desenvolver-se.

Além do conhecimento adquirido pelo estudo formal, Tinga mostra que é preciso usar a inteligência, em especial neste momento de protagonismo da tecnologia. Estar aberto para aprender e fazer coisas novas. Não basta ter conhecimento e não saber aplicá-lo da forma certa.

Outro tópico da *GAP* é a valorização da presença humana. Nos dias atuais, observa, conhece-se mais o próprio celular do que as pessoas com quem se convive em casa e no trabalho. Dá o exemplo de colegas de escritório atuando em uma mesma sala sem que saibam nada sobre os sonhos uns dos outros. A falta de interação pode gerar ruídos e conflitos de relacionamento. Para Tinga, gerir pessoas é, acima de tudo, conversar com elas.

E faz um alerta: o grande valor da vida é o tempo. As 24 horas do dia são a única coisa que todos os seres humanos têm em igualdade. Cada um faz dessas horas o que quiser. Na vida, lembra, há três grandes eventos: nascimento, vida e morte. Ninguém escolhe a hora do primeiro nem do último. Só existe a chance de viver o agora, e ele é tão bom que se chama presente. Um presente que não se deve rasgar nem jogar fora.

> **"Considero o Tinga um tipo de filósofo popular moderno."**
>
> **Gustavo Goulart**
> Advogado, amigo e vizinho na praia

*"Há cerca de quatro anos, conheci o Tinga como meu vizinho na praia. Nossas conversas são sempre recheadas de aprendizado. Eu aprendo, e ele também. Eu o considero um tipo de filósofo popular moderno. Tem uma capacidade de analisar, questionar e refletir sobre tudo o que acontece ao seu entorno. Põe em dúvida questões e tira as pessoas do automatismo. Absorve demais as experiências e as transforma em conteúdo de fácil entendimento para o público. É movido por uma inquietude de contrapor o que está posto somente porque está posto. Talvez essa seja uma das razões do sucesso de suas palestras. Encontra um ponto comum a todos, independentemente de profissão, classe social ou idade. Consegue atingir o núcleo humano de cada um. Soube por um amigo que ele fazia palestras em empresas importantes, algumas clientes do nosso escritório. Fiquei curioso em entender por que tinha escolhido esse caminho depois do futebol. Vi muito sentido na sua abordagem e o convidei para palestrar nas nossas unidades no estado, em Santa Catarina, Paraná e São Paulo. Assisti a um vídeo dele*

*no Instagram falando sobre a importância de o vendedor entender sobre o produto que vende. Sugeri que desenvolvesse uma apresentação com foco em semear, plantar e cultivar clientes. Tinga criou o embrião da palestra* Semeando Clientes *a partir de observações cotidianas que ele capta muito bem e traz para o mundo dos negócios. Costuma dizer que eu o ajudei. Mas ele foi muito além. Nossa conexão é grande também nas causas sociais. Tive a oportunidade de doar uma Kombi para o projeto* Fome de Aprender, *facilitando a busca por insumos e a entrada em locais de difícil acesso do ônibus-restaurante. Ele nunca quis arrecadar mais dinheiro do que o seu projeto precisa. As doações servem somente para manter o* Fome de Aprender. *Como forma de incentivar mais pessoas a colaborarem, propus fazermos uma feijoada e colocar em leilão um capacete do Ayrton Senna feito em homenagem aos 25 anos da morte do piloto de Fórmula-1 e que estava no nosso escritório de advocacia. Tinga gostou da ideia e colocou no leilão sua medalha de campeão da Libertadores e camisetas do Inter e do Grêmio autografadas. O evento superou a expectativa e arrecadamos mais de 600 mil reais. Como não precisava de todo aquele dinheiro, doou 200 mil para a Santa Casa de Misericórdia comprar um equipamento de oncologia. O maior presente que recebi dele foi o convite para eu e meu filho distribuirmos marmitas aos moradores de rua, à noite, no Centro de Porto Alegre. O Tinga influencia pessoas a fazerem do país um lugar melhor para se viver."*

**"Todos comentam sobre sua essência, simplicidade e caráter."**
**Amanda Souza da Silva**
Assessora de palestras e imagem

*"Trabalhar com o Tinga é um aprendizado diário, é não entender às vezes o que ele quer, é se surpreender com o resultado! Trabalho com ele desde 2015. Não o conhecia como jogador de futebol, então sou fã do palestrante Paulo Cesar Tinga. Agendo uma palestra, e as pessoas comentam sobre sua essência, sua simplicidade e seu caráter. O Tinga é uma pessoa 100% correta e ansiosa, características que o tornam muito exigente. Se erramos em um detalhe, isso poderá impactar algo combinado com o cliente. E a regra é surpreender e entregar mais, sempre de forma positiva. Penso bem fora da caixa e, assim como faço propostas legais, outras não são tão boas. Ele me ajuda, explica, e isso me faz crescer, aprender e querer ser melhor. Nunca deixou de escutar alguma ideia ou observação minha. Acho muito desafiador subir no palco e falar da maneira como ele fala, encantar da maneira como encanta. Já assisti a diversas palestras do Tinga e vibro a cada impacto que ele causa. Observo o rosto das pessoas na plateia, vejo como reagem e depois relato meu feedback. Em um mercado no qual todos*

*querem se vender, os clientes vêm até nós. Com toda a admiração que sinto por ele, é fácil demais vendê-lo, falar sobre as suas apresentações e sobre ele. Eu erro, ele me corrige; se ele erra, também me sinto no dever de corrigi-lo. Todos nós erramos, é normal. Isso me faz perceber que estou trabalhando com um ser humano como eu, que erra, acerta, mas está ali para evoluir. A todos que me perguntam sobre a palestra do Tinga, passo um pouquinho da sensação que é assisti-la e, depois de feita, ouço como ele conseguiu surpreender a todos fazendo cada um sentir de maneiras diferentes suas palavras. É isso que me motiva a trabalhar com ele. Quando a equipe está alinhada em um único propósito, tudo sai perfeito. Nosso ditado é que a próxima palestra será a melhor. Sempre conseguimos atingir as expectativas dos clientes, e isso é muito gratificante."*

# TINGA, UM ÍMÃ DE NEGÓCIOS

Tinga morava em Belo Horizonte e era volante do Cruzeiro quando fez a sua primeira experiência como dono de empresa. Em 2014, criou a Sieben Tour by Tinga, agência de viagens em sociedade com a esposa Milene. Alugaram uma sala na avenida Carlos Gomes, em Porto Alegre, e contrataram dois funcionários. O cunhado Guilherme Silva assumiu como diretor e também sócio. Já no primeiro mês, a equipe comemorou o resultado positivo.

Animado, Tinga perguntou quanto os sócios ganhariam. Decepcionou-se com a resposta. Toda a receita havia sido destinada ao pagamento de empregados, locação do imóvel e impostos. No segundo e terceiro mês, a situação se repetiu.

Guilherme informava que as obrigações estavam em dia, mas a empresa ainda não gerava lucro.

Foi difícil para Tinga entender esse processo da jornada do empreendedor e esperar pelo retorno somente meses mais tarde. Persistência e muito trabalho foram diferenciais da escalada da Sieben. Hoje ele constata que falta educação financeira nas escolas e informação sobre a verdade prática de como é empreender.

Percebe nos empreendedores crenças limitantes absorvidas da família e dos ambientes frequentados desde a infância. Muitos desistem logo no começo frente às dificuldades, ficam sem crédito e perdem a autoestima. No seu caso, reconhece, nunca ninguém lhe disse que, por ser negro, pobre e da Restinga, não poderia ser um empresário vitorioso.

Em 2015, jogando no Cruzeiro, Tinga investiu na compra da House 180, uma república de estudantes de conceito inovador, com 52 quartos para locação e instalada num container de três andares. Fica no bairro Cidade Baixa, em Porto Alegre. A estrutura tem 12 banheiros, sala e cozinha com seis geladeiras de uso coletivo. O inquilino paga somente o valor do aluguel do quarto. Água, luz e Wi-Fi são por conta da House. Três quartos ele doou ao Hospital Santa Casa de Misericórdia para abrigar famílias de pacientes do interior do estado em situação de vulnerabilidade social.

A diversidade no seu portfólio de negócios inclui ainda sociedade no Acquamotion Termas Park, único parque aquático indoor com águas termais em Gramado, na Serra Gaúcha. Na mesma cidade tem uma parcela na propriedade do Vila da Mônica, parque de aventura e diversão com os personagens criados por Mauricio de Sousa. Também é investidor e sócio do Chocohotel, em Gramado, onde todos os ambientes são inspirados no universo do chocolate.

Para todos esses empreendimentos de lazer e entretenimento, Tinga atraiu novos investidores. Levou ex-colegas jogadores de futebol e amigos empresários para dentro das empresas. Sua parcela como investidor não é alta. Mas a sua imagem, a conexão com possíveis novos investidores e a consequente simplificação de prospectar capital a partir de seu envolvimento o transformaram num ímã de ofertas de grandes negócios na Serra. Nas transações, gosta de frisar, aplica um filtro rigoroso antes de servir de ponte entre as partes.

Outra participação como sócio é na marca de roupas Território Sagrado, com lojas em Canela, Balneário Camboriú e Itajaí. A proposta desse modelo de vestuário masculino, feminino e infantil é ser um espaço para manifestar identidade com estilo. As roupas exibem sentimentos que transmitem valores e princípios estampados no peito de quem as veste. A proposta agradou a Tinga como um canal de propagação de suas ideias.

A Van by Tinga foi criada por ele em 2022. É uma de suas iniciativas preferidas por causa da criatividade. Poderia ser uma van de transporte, como qualquer outra, mas foi transformada em um *hub* disruptivo de múltiplos serviços. Dentro há quatro poltronas executivas revestidas de couro, um sofá-cama, micro-ondas, adega, geladeira, TV e ar-condicionado. Está equipada com câmera GoPro, luz e aparelhos que a transformam em um estúdio de gravação.

Por fora, a van é totalmente adesivada com 30 *QR Codes* que remetem às diferentes plataformas digitais de Tinga e de clientes que o contratam para divulgar ações. Nela são gravadas as entrevistas do programa *Círculo de Gratidão*, apresentado por Tinga e veiculado no seu canal no YouTube. É usada ainda para transportar turistas da Sieben Tour de forma confortável e está disponível à locação por terceiros.

A mais recente modalidade como empresário abraçou em fevereiro de 2023: o *beach tennis*. Agencia patrocínios para Fabricio Neis, o número 1 do esporte no Rio Grande do Sul. Antes de migrar para a areia, o atleta figurou no ranking dos 100 melhores do mundo no tênis. O prestígio no mercado ajuda a alavancar não só a carreira de Neis, mas a de Natã Porte e outros profissionais do *beach tennis* gaúcho.

Ainda quando jogava futebol, Tinga começou a praticar *beach tennis* nas férias. Na aposentadoria, em 2015, o esporte o ajudou na transição, fase mais difícil da carreira. Em entrevistas, diz que nesse esporte encontrou uma nova tribo e um jeito de liberar a vontade de competir e treinar. Fez amizades sem ninguém lhe perguntar nada sobre os tempos de ídolo da dupla Gre-Nal e de outros times.

Não cogita ser empresário de futebol. Com dois filhos iniciando carreira — Davis, 21 anos, joga no Portimonense, em Portugal, e Daniel, 16, na categoria de base do Grêmio —, rejeita qualquer possibilidade de gerir carreira de atletas dos gramados. Deixou a atividade de agenciar seus herdeiros a cargo do amigo Márcio Schmidt.

> "Sua imagem e valores não têm preço. Dinheiro é consequência do trabalho."
>
> **Guilherme Silva**
> Cunhado e sócio-gerente da Sieben Tour by Tinga

"Convivo com o Paulinho desde os meus 10 anos de idade e posso dizer que, ao lado do meu pai, ele teve influência direta na formação do meu caráter e no que sou como homem, profissional e pai de família. Além da grande admiração que sinto por ele, é um espelho de comportamento para mim. Muitos conhecem o Tinga jogador de futebol, empreendedor e palestrante. Eu tenho a experiência de conviver nos bastidores e aprender na prática. Sempre o ouvi dizer que não queria nada além do que fosse seu. O dinheiro seria apenas consequência do trabalho. Sua imagem e valores nunca tiveram preço. Se recebe uma proposta, e ela pode interferir nos seus princípios, abre mão na mesma hora. Nunca usou atalhos para as suas conquistas. Até hoje recebo conselhos dele. Com a minha irmã Milene e o Paulinho, sou sócio na Sieben Tour by Tinga e responsável pela operação da agência. A ideia de criar a empresa surgiu durante uma viagem de carro que eu, a Milene e meus sobrinhos fazíamos pela Califórnia, nas férias de julho de 2014. Eu já *trabalhava com turismo, e ela queria saber tudo sobre o ramo, porque pensava em ingressar. Um mês depois, me avisou que eles entrariam com o investimento e eu com o trabalho na nova agência de viagens. Atendíamos jogadores do Brasil e do exterior e os relacionamentos do Tinga no mundo do futebol. Esse foi o pontapé inicial. Depois expandimos para a área corporativa e clientes em geral, mas sem nunca perder o vínculo com o público do esporte. Paulinho se envolveu bastante, desde a escolha do nome da agência, que significa sete, em alemão — número da sua camisa como meio-campista —, até as visitas para apresentar o negócio a empresários amigos. Hoje participa das principais decisões estratégicas. Temos um faturamento mensal expressivo se levarmos em conta nosso porte e estrutura enxutos. Desde a fundação, a Sieben vinha crescendo ano a ano até a pandemia, quando o mundo fechou. Não recebíamos dos clientes e precisávamos pagar as contas. O negócio sofreu grande impacto. Precisamos fazer empréstimo e desligar funcionários. Fiquei muito tenso com toda a situação e sofri ao demitir pessoas com quem convivia diariamente. Paulinho me chamou e perguntou se eu havia falhado alguma vez com esses colaboradores. Respondi que não. Então, pediu para eu ficar calmo, porque estava fazendo o necessário naquele momento, e a agência voltaria a crescer mais do que antes. Em 2022, crescemos 50% em relação ao ano anterior. Vencemos a crise fazendo a coisa certa e com a consciência tranquila. Foi um ano mágico para a Sieben. Eu me sinto um privilegiado por conviver com o Paulinho."*

# CHAMANDO ATENÇÃO DA SORTE

Quem assiste a uma palestra de Tinga ou o acompanha nas redes sociais com frequência o ouve falar sobre a sorte. Na sua percepção, até quem não acredita nela gostaria de tê-la. Nunca viu alguém desejar boa sorte e a outra pessoa não aceitar ou dizer que não acredita. O conceito de sorte formatado por ele teve início em uma apresentação realizada em um município do interior gaúcho. No final do evento, ao abrir para perguntas, uma pessoa na plateia o questionou se ele não achava que havia tido sorte no futebol.

Como há tempos esperava uma oportunidade para falar sobre o tema, respondeu que não acreditava nem desacreditava. Mas, se a sorte realmente existisse, deveria ser muito inteligente, porque é senso comum dizer que quem deu certo na vida teve sorte. Enfatizou sua convicção de ela escolher quem trabalha, acorda cedo, se reinventa, pensa diferente e age com coragem e energia. Como não sabia se existia ou não, preferia seguir chamando sua atenção por meio do trabalho. Vai que a sorte o encontra!

Na sala, o público gravava e fotografava a palestra. Quando Tinga chegou ao hotel e conferiu a rede social, havia sido marcado na foto do perfil de um seguidor porteiro de prédio. A imagem mostrava o profissional de uniforme dentro de uma guarita. Na legenda, ele escreveu: "Como Tinga falou na palestra, sigo aqui trabalhando e chamando atenção da sorte". Nos dias seguintes, novas publicações marcadas com o seu @tinga7oficial e o surgimento da hashtag #chamandoatençãodasorte.

O propósito de Tinga é levar a uma reflexão sobre a palavra cujo significado pode ser um acaso favorável, uma coincidência boa ou uma circunstância feliz. Será que todos com êxito na escola, no trabalho e nos relacionamentos têm apenas sorte? E se a pessoa teve sorte e não seguir estudando, dedicando-se a entregar o seu melhor e procurando melhorar suas atitudes? Acomodada, com certeza, poderá perder tudo o que conquistou.

Depois daquela palestra, volta e meia Tinga ainda ouve que teve sorte. No entanto, diz que vários colegas e pessoas com quem conviveu ao longo dos anos tiveram as mesmas oportunidades e não pensaram ou tomaram as decisões que ele tomou. A única maneira de chamar atenção da sorte, acredita, é ela sempre o encontrar trabalhando.

A responsabilidade diante da vida é outro critério de atração da sorte. Jovem jogador, Tinga gostava de se divertir nos pagodes e de frequentar resenhas na noite, mas nunca foi de beber, um de seus diferenciais. Disciplinado, em qualquer situação avaliava o que poderia acontecer de pior e agia de forma a diminuir riscos e futuros problemas. Enquanto muitos colegas amanheciam em festas, ele procurava ir embora cedo para chegar inteiro nos treinos.

Hoje gosta de um bom vinho e convive em ambientes sofisticados sem culpa, sentindo-se um afortunado pela sorte. Não faria sentido creditar apenas ao acaso toda uma trajetória de esforço, trabalho e dedicação que o fizeram subir cada degrau de desenvolvimento pessoal, social e profissional. E, finalmente, reinventar-se.

# # PARA REFLETIR

**1.** Se a sorte realmente existe, deve ser muito inteligente. O senso comum diz que quem deu certo na vida teve sorte. Mas ela escolhe quem trabalha, acorda cedo, se reinventa, pensa diferente e tem coragem.

**2.** Na dúvida se a sorte existe ou não, siga chamando sua atenção. Não desista: aprenda mais, se esforce mais, trabalhe mais. Vai que a sorte o encontra!

SE A SORTE REALMENTE
EXISTE, DEVE SER MUITO
INTELIGENTE, POIS ELA
SEMPRE ESCOLHE QUEM
TRABALHA, ACORDA
CEDO, SE REINVENTA,
PENSA DIFERENTE E
TEM CORAGEM.

#CHAMANDOATENÇÃODASORTE

# IMAGEM, PUBLICIDADE E ESTILO

Tinga é um caso raro de ex-jogador de futebol que agrada a gremistas e colorados. Não provoca ranço nem rancor, pelo contrário. Seu nome está ligado à garra, raça, doação e simplicidade. Nunca passou a ideia de fazer corpo mole em campo, seja com a camisa do Internacional ou a do Grêmio. Por isso, até hoje é tão bem aceito nas duas maiores torcidas gaúchas.

Com uma carreira sem conflitos nos gramados e bem-sucedida como palestrante e empreendedor, na internet é adjetivado de ídolo, craque, mito, fera, monstro, sábio, gênio, chefe, ministro. Com tal reputação, nos últimos anos surgiram empresas interessadas em contratá-lo como garoto-propaganda. Tinga foi convidado a fazer uso da sua imagem. No início, a novidade pareceu desafiadora. Vender uma ideia e

CHAMANDO ATENÇÃO DA SORTE

com ela a sua figura poderia ser constrangedor se não soubesse fazer isso. Considerava difícil falar sobre si mesmo. Foi adiante, superou e conseguiu.

Ele tem vários contratos publicitários com empresas parceiras. Empresta sua imagem para marcas de tintas, energia solar, construção civil, suplementos para saúde e *fitness*, internet fibra ótica, roupas esportivas e educação. Um aspecto curioso em alguns de seus acordos é a cláusula que não lhe permite cortar o cabelo. Para ele, a exigência não é sacrifício. Os *dreadlocks* de Tinga contribuem para sua imagem *fashion* e são um sucesso.

Como garoto-propaganda nem precisa se apresentar, é reconhecido de longe e de costas pela famosa cabeleira. Sua marca registrada desde 2007, quando abriu mão das trancinhas. Durante férias do Borussia Dortmund, veio a Porto Alegre e ficou mais de dez horas na cadeira da cabeleireira montando o novo penteado. Foi uma opção de estilo próprio, de poder estético associado à negritude e de praticidade. Antes havia usado cabelo raspado, com topete, *black power* e trançado.

A manutenção dos *dreads* exige cuidados especiais. A vasta cabeleira de Tinga recebe retoques periódicos na raiz e é lavada pelo menos duas vezes por semana, em casa ou no salão, com xampu de menta. O asseio, explica, é fundamental para evitar o cheiro de um *dread* úmido ou malcuidado. Acostumou-se aos elogios de ter *dreadlocks* cheirosos. Brinca que tem muitos amigos, mas, se não tivesse esse zelo pela higiene, já teria perdido as amizades.

Quando vai à praia ou piscina, evita molhar a cabeça e prende as longas mechas emaranhadas em finos cilindros para se manterem impecáveis, coladas e costuradas. Somente mergulha se mais tarde puder fazer uma boa lavagem dos fios. A secagem é outro capítulo. Exige, no mínimo, 40 minutos no secador ou bastante tempo ao sol depois de bater e torcer os *dreads* para retirar o excesso de água.

Vaidoso, Tinga admite que gosta de ser diferente, mas com autenticidade. Não tem tatuagens nem usa lentes de contato dentais — apenas faz clareamento. Moda para ele é respeitar o ambiente, num comportamento ecológico pessoal. Suas roupas, há tempos, não são mais de grifes de luxo. Compra somente o que precisa. Nunca esquece de onde veio e o valor das coisas. Respeita o dinheiro e não abusa dele. Deseja ter valor pelo que é, e não pelo que tem.

Gosta de se destacar por uma simplicidade que, às vezes, foge ao padrão. Considera também um tipo de vaidade, por exemplo, chegar de bicicleta em um lugar onde todos vão de carro ou usar terno e gravata com tênis. É a sua forma de ser autêntico e deixar a marca de sua personalidade.

## "Tinga é um embaixador de valores."
**Marcos Eizerik**
Amigo e publicitário dono da Propaganda Futebol Clube

"O primeiro contato que tive com Tinga foi para uma campanha publicitária do Colégio Monteiro Lobato. Sua imagem começava a ser usada com um significado de marca. A primeira grande característica dele é o cabelo. Então, fizemos as peças com quatro imagens: ele com os dreadlocks, com black power, com as tranças e careca. O mote era 'O ensino muda cabeças'. Foi um sucesso! Coincidiu com a época de lançamento da palestra Gestão Além da Planilha, no Barra Shopping Sul. Na opinião do Tinga, foi a primeira vez que haviam usado sua imagem de forma criativa. Ele gostou da publicidade; e eu, do garoto-propaganda. A partir daí, começou o nosso vínculo, e Tinga passou a me trazer as suas ideias. Eu o considero um self-made man. Tem uma rapidez de raciocínio e associação de conceitos muito únicos. Além da habilidade de ver oportunidades. Talvez tenha desenvolvido isso no futebol, é difícil saber, mas o fato é que a cabeça dele funciona de um jeito diferente. O maravilhoso na nossa relação é que ele não precisa de mim, nem eu dele. Dizemos não um para o outro numa conexão saudável. A gente se completa e gosta de estar juntos. A minha origem na propaganda é *como redator em dupla de criação. Quando eu e o Tinga trabalhamos juntos, é difícil saber de quem foi a ideia, nossa troca é tão boa que não me fixo nisso. Eu gosto de estar à frente, mas não tenho nenhum problema em seguir quando confio. Hoje gerencio a imagem dele e a maioria dos contratos, porque a profissionalização é necessária. Trabalhar a sua imagem é complexo, porque ele não é um produto. É um embaixador de valores. Família, verdade, confiança e autenticidade são alguns. E isso é o que o consumidor quer hoje. A marca do Tinga é forte porque ele é nacional e o que divulga é verdadeiro, real, natural. Alguns contratos não são fechados. Nem tudo é dinheiro. O mundo do futebol é complicado, e ele passou limpo, como um ídolo, com liderança, credibilidade e sendo gerador de confiança. No Rio Grande do Sul, o Gre-Nal é uma das maiores instituições, e o Tinga tem trânsito livre nos dois clubes. É um fato incomum, se pensarmos em consumidores que lidam com paixões. Tinga é uma figura ideal para fazer, por exemplo, uma campanha de paz. Influencia as pessoas por ser um realizador, com seus exemplos e atitudes. É uma marca que dá resultado."*

#CHAMANDOATENÇÃODASORTE

# PARTE

# NÃO AO PRECONCEITO

Quando o tema é preconceito, Tinga deixa claro que não se refere somente à intolerância contra os negros, mas a todos os tipos de prejulgamentos. Inclusive aos que os próprios negros demonstram em diferentes áreas. Nunca pensou em romper a barreira contra o racismo, porque não faz uma divisão entre ela e a hostilidade contra mulheres, gays, gordos ou idosos, por exemplo.

Tinga sentiu na pele o racismo. A rejeição no olhar das pessoas o marcou desde a infância. Lembra-se de quando atravessavam a rua com medo de serem roubadas por ele apenas pela cor de sua pele. Hoje, vê na sociedade a predominância de um racismo mais pessoal do que estrutural. Há os racistas e os não racistas. O maior preconceito não é o de raça, e, sim, o de classe. Como negro e com condição econômica e social, não enfrenta nenhum tipo de discriminação. Pelo contrário, por sua reputação. Ou seja, não representa uma ameaça.

Com orgulho, Tinga se diz um "negão" que adora ser chamado assim. Sabe quando é nomeado com carinho e respeito. Se o termo é empregado de modo pejorativo, se posiciona e se impõe. Ressalta que, como negro, também está exposto a críticas como qualquer pessoa ou profissional branco, e sua cor de pele, nesse caso, não pode ser associada ao racismo como observa em muitos casos recentes de ativismo. Salienta a necessidade de diferenciar o preconceito de algo que não agrada, independentemente da raça — assim como vê exagero na patrulha a termos considerados discriminatórios.

Nos últimos anos, Tinga tem sido procurado pela mídia às vésperas do 20 de novembro, Dia da Consciência Negra. O convite é para comentar sobre racismo e inclusão. Ele nunca aceita. Não porque esses temas não sejam importantes, mas sim pela forma como ainda continuam sendo tratados. Defende que os negros têm autoridade e conhecimento para debater diversos assuntos além de racismo. Prefere falar sobre empreendedorismo, atividade à qual se dedica.

Sobre a campanha global *Vidas negras importam*, Tinga gosta de frisar que todas as vidas importam. Não despreza a existência do racismo. Respeita e valoriza as manifestações, sobretudo no Brasil, que sofre demais com a vulnerabilidade social. Mas não entende como uma balança deva ter pesos diferentes por conta da cor da pele. Sua própria família é uma mistura. A esposa é branca e os dois filhos são pardos. Dentro de casa, todas as vidas importam de forma igual. Não se julga mais importante por causa da cor da pele — consideraria essa hipótese extremamente injusta e desumana.

Um episódio de segregação, em especial, marcou sua carreira no futebol. Em fevereiro de 2014, como meio-campista, jogava no Cruzeiro uma partida pela Copa Libertadores da América contra o Real Garcilaso — atual Cusco Fútbol Club —, em Huancayo, no Peru. O time celeste perdeu o jogo por 2 a 1. Mas nada indignou mais os cruzeirenses e os brasileiros do que Tinga ser alvo de racismo e insultos por parte da torcida peruana. Cada vez que o volante tocava na bola, os torcedores do Real imitavam o som de macacos.

No final do jogo, procurado pela imprensa, Tinga estava preparado para falar sobre a derrota e sua entrada no segundo tempo. Um repórter lhe perguntou sobre as demonstrações de racismo nas arquibancadas. Ele repudiou o fato e revelou que tentou esquecer as agressões durante o jogo. Aos 36 anos, quase ao final de uma trajetória vitoriosa no esporte, disse que trocaria todos os títulos alcançados por um mundo sem preconceito e igual para todas as raças e classes.

Sua declaração sobre a mancha do racismo no futebol alcançou grande repercussão:

— Não queria ter conquistado todos os títulos da minha carreira e ganhar o troféu contra o preconceito e esses atos racistas. Trocaria por um mundo com igualdade entre todas as raças e classes. A gente tenta esquecer, competir em campo. Fico muito chateado com essa situação em pleno 2014, num país tão próximo da gente, cheio de mistura como o Peru. Infelizmente aconteceu. Já joguei longe, vários anos na Alemanha, e isso nunca me aconteceu lá.

Um mês depois do incidente, foi convidado pela então presidente da República, Dilma Rousseff, para uma reunião no Palácio do Planalto, em Brasília. A chefe de Estado prestou homenagem a ele como vítima de ofensas racistas em jogos de futebol e fez o convite para que participasse da abertura da Copa do Mundo a ser realizada em poucos meses no Brasil. Durante o encontro, Dilma revelou que havia encomendado uma grande campanha contra o racismo para ser divulgada durante os jogos e quis saber a opinião dos presentes. Tinga respondeu:

— Presidente, tão grave quanto o racismo é o preconceito. Todos nós somos vítimas de algum tipo de preconceito. Em casa, no trabalho, na escola, por sermos baixos, gordos, feios, pobres... O importante é combatermos o preconceito no país.

Depois do encontro com a presidente, Tinga deu uma entrevista na qual ressaltou ainda a importância da educação como a principal forma de se combater qualquer tipo de preconceito.

— Educação é uma das coisas que nos faz pensar nos outros. O que acontecerá daqui para frente não se sabe. Foi importante a presidente se preocupar com a situação do racismo. Tive oportunidade de falar sobre muitas outras coisas que acontecem no país em termos de preconceito. Espero ajudar a conscientizar que isso é um problema de educação.

Quando a Confederação Sul-Americana de Futebol (Conmebol) aplicou uma multa de baixo valor ao clube Real Garcilaso, poucas horas após, Tinga contra-atacou. Em parceria com a Central Única das Favelas, promoveu um evento, em Porto Alegre, para divulgar o projeto *Chutando o Preconceito*. Organizou ações de conscientização com personalidades de cidades gaúchas. Simbolicamente, elas chutavam a bola e faziam um gol contra a discriminação.

Para os que promoveram as ofensas no Peru, Tinga deixou seu recado:

— Eu perdoo quem me discriminou. Essas mesmas pessoas podem sofrer preconceito em outras áreas. Por isso, idealizo o projeto contrariando todos os tipos de discriminação, social, sexual, religiosa, etária e racial. Estamos tentando mostrar algo bom que partiu de uma ação ruim.

# # PARA REFLETIR

**1.** O combate ao racismo não pode ser isolado. Não há uma divisão entre atitudes de intolerância contra os negros e o preconceito e a hostilidade dirigidos às mulheres ou aos gays, por exemplo.

**2.** Negros têm autoridade e conhecimento para debater sobre diversos assuntos além de racismo.

**3.** Todas as vidas importam. Tinga não despreza a existência do racismo, mas não entende como uma balança deva ter pesos diferentes por conta da cor da pele. Ninguém é mais importante por causa da raça — considera essa forma de pensar injusta e desumana.

**4.** É preciso ser contrário a todos os tipos de discriminação, social, sexual, religiosa, etária e racial. A educação é a única saída contra o preconceito.

# A EDUCAÇÃO É A ÚNICA SAÍDA CONTRA O PRECONCEITO.

#CHAMANDOATENÇÃODASORTE

# TINGA FAZ 40 ANOS E RENOVA BODAS

Até os 15 anos de idade, Tinga comemorou seu aniversário em 13 de janeiro apenas com um bolinho junto à mãe e aos irmãos. Nunca houve dinheiro para festa. Depois, sempre passou a data ao lado de colegas jogadores. Quando estava na categoria de base do Grêmio, no primeiro mês do ano participava de torneios e campeonatos. Como profissional, a partir dos 18 anos, o aniversário coincidia com o período de pré-temporada, longe da família e dos amigos, em retiros em Gramado, Bento Gonçalves e Canela. Foi assim também nos outros clubes, até se aposentar dos gramados aos 37 anos. Durante duas décadas, no máximo saía com Milene para jantar. Então, agora, a cada ano, Tinga quer celebrar a vida e festejar o que não pôde enquanto jogava futebol.

## CHAMANDO ATENÇÃO DA SORTE

Uma festa, em especial, marcou sua história. Ao fazer 40 anos, em 2018, pensou em comemorar a entrada na maturidade de um jeito diferente. Quatro meses antes, teve uma ideia romântica e generosa: renovar os votos de casamento com Milene de forma inesquecível, numa praia do Caribe, e levar junto 40 convidados entre familiares, amigos queridos e algumas pessoas que trabalharam com ele para participarem das bodas e também da sua festa de aniversário — todos com as despesas pagas por Tinga.

O destino? O resort Ocean Blue em Punta Cana, um paraíso tropical banhado pelas águas claras do mar caribenho da República Dominicana. O convite incluía uma temporada de sete dias com hospedagem *all-inclusive*. Ou seja, comida, bebida e diversão à vontade, sem custos. O evento mobilizou a equipe da Sieben Tour by Tinga, que providenciou aos convidados os passaportes, as passagens aéreas, as reservas no hotel e todas as orientações e assistência aos passageiros, cerca de 70% deles de primeira viagem internacional. Na turma havia vários amigos de infância da Restinga e parentes que nunca tinham viajado de avião.

O clima no embarque no Aeroporto Internacional Salgado Filho era de euforia e muita expectativa. A viagem em dois aviões até Punta Cana da excursão em grande estilo promovida por Tinga foi uma atração à parte. Vários dos convidados passaram o voo fazendo brincadeiras e se distraindo com o serviço de bordo e as tecnologias da aeronave, uma novidade para eles. Ao chegarem ao resort, o acordo era aproveitar a semana com liberdade total e desfrutar de todas as atrações do lugar, com exceção de dois dias: a renovação dos votos matrimoniais — com os presentes vestindo trajes brancos — e a festa de 40 anos, quando todos deveriam comparecer.

A estada em Punta Cana foi de alegria e muito bom humor, com os convidados se adaptando ao novo idioma e àquele ambiente sofisticado e abundante. O grupo aproveitou os restaurantes do resort, as piscinas, as boates, os parques, os passeios e, claro, as praias. Todas as tardes, os homens se reuniam para jogar bola à beira-mar. Turistas de outros países, atraídos pela animação contagiante da turma, pediam para participar dos jogos. Tinga formava times e promovia competições divertidíssimas. À noite, depois do jantar, era hora de dançar.

A renovação dos votos do casal foi celebrada pelo pastor Sandro Leote, companheiro de infância e hoje assistente pessoal de Tinga. A cerimônia foi um momento mágico, num cenário digno de filme, emoldurado pela natureza exuberante do mar de azul intenso e areias branquinhas. Paulo Cesar e Milene reafirmaram o amor da sua união, oficializada desde 2002. Os filhos Davis e Daniel compartilharam da emoção dos pais.

No último dia, o grupo se reuniu para fazer uma oração de gratidão. Irmãos, tios, sobrinhos e amigos disseram que aquele tinha sido o maior presente recebido na vida. Tinga orou, agradecendo a Deus a oportunidade de ter proporcionado momentos especiais a tantas pessoas queridas. Lembrou a elas que haviam vivido aquela experiência de lazer e cultura em outro país porque todos somos iguais, ninguém é melhor que ninguém, independentemente do lugar onde estejamos no mundo ou da condição social e financeira. Com trabalho e sonhos é possível alcançar uma realidade que às vezes parece distante ou mesmo inatingível.

# TIME FOME DE APRENDER

A semente para nascer o projeto social *Fome de Aprender* foi plantada na mente de Tinga pelo empresário do ramo da beleza Rafaeli Aguilheiro, durante uma visita que ele fez ao amigo no início de 2019. Rafaeli comentou sobre um conteúdo a que havia assistido, relatando as dificuldades da educação no Brasil, e citou uma frase que não saiu mais da sua cabeça: não existe educação com a barriga vazia.

Em casa, Tinga não conseguia deixar de pensar em como uma criança ou adolescente pode focar a atenção nos estudos se estiver com fome. Conhecia bem aquela sensação. E, apesar de ajudar de forma pontual pessoas e comunidades em dificuldades desde quando começou a jogar futebol, alimentava o sonho de ter o seu próprio projeto social, estruturado e com um alcance maior.

Em maio, meses depois da conversa com Rafaeli, viu uma reportagem na TV sobre o fechamento de um restaurante com refeições a um real no Centro de Porto Alegre. Naquele momento, surgiu o embrião da ideia. Olhou para a esposa Milene ao seu lado, e ela soube de imediato o que ele havia pensado. Tinga queria criar algo semelhante. No mesmo dia, ligou para amigos da Prefeitura e marcou uma reunião com o então prefeito da capital, Nelson Marchezan Júnior.

Marchezan explicou as exigências para a operação de um restaurante popular, e Tinga entendeu a dificuldade de tornar aquele tipo de negócio viável. Se uma pessoa passasse mal com a comida, ele poderia ser processado. Era mais simples deixar crianças e adultos buscarem alimentos no lixo? Desejava fazer algo diferente e com qualidade. Mas, no Brasil, até para ajudar era complicado, pensou.

O tempo passou, e o empresário Clovis Tramontina o apresentou a executivos da Marcopolo, uma das maiores fabricantes de carrocerias de ônibus no país. Tinga demonstrava interesse em conhecer a empresa, com sede em Caxias do Sul, e o processo de transformação desde as barras de ferro até a criação de um veículo. No final do encontro, perguntou à equipe se era possível montar uma cozinha industrial e uma biblioteca dentro de um coletivo.

Com a ideia ainda em formação, disse aos profissionais que gostaria de criar um projeto reunindo os temas fome e educação em um ônibus e entregar pelo menos 100 almoços por dia aos moradores de rua. O pessoal da Marcopolo gostou da proposta, aceitou a parceria e informou a Tinga onde poderia comprar um ônibus seminovo, a fim de evitar que investisse tão alto numa iniciativa individual.

Imediatista, com o ímpeto de fazer a vida acontecer hoje — o próximo ano, para ele, é longo prazo —, Tinga chegou a Porto Alegre e colocou uma sala comercial à venda no bairro Hípica. Com parte do valor recebido, comprou o ônibus usado. Uma semana depois da conversa na Marcopolo, o coletivo era entregue na empresa para a montagem de sua cozinha e biblioteca itinerantes.

Tinga tem imensa gratidão a toda a equipe da Marcopolo que se envolveu de forma incansável no design e na execução do interior do ônibus. Faltava, ainda, um nome para o projeto. Procurou o amigo Marcos Eizerik, da PFC Publicidade, e relatou sua intenção. Com sacada de publicitário, Marcos lhe disse que o nome estava pronto: *Fome de Aprender*. Bingo! O *layout* externo do veículo também foi criado por ele.

De Clovis Tramontina — proprietário da centenária indústria de equipamentos de cozinha e do lar — recebeu a doação de todos os utensílios, como garfos, facas e panelas. Antes do final de 2019, o *Time Fome de Aprender* estava formatado como

Tinga o havia imaginado e com o auxílio de seus amigos. Idealizado a partir de uma mensagem de educação e priorizando o combate à fome.

Para custear o projeto, convocou 20 empresários de suas relações e integrantes da Confraria do Babão. Perguntou quanto gastavam em um jantar com a família regado a vinho. No mínimo 500 reais, responderam. Pediu a eles este valor de contribuição mensal para servirem uma refeição digna e saudável a quem não tem acesso. Todos aceitaram na hora. Muitos passaram a oferecer quantias maiores. A verba arrecadada cobriria a despesa com os alimentos e o pagamento de dois funcionários. Quando faltassem recursos, Tinga completaria do seu bolso.

Outros aportes importantes ao projeto vieram do amigo Tite, ex-técnico da Seleção Brasileira de Futebol. Tinga foi ao Rio convidá-lo a ser o "treinador" do time e participar com uma doação mensal. Tite aplaudiu a iniciativa e disse que gostaria de ajudar mais. Fez doações de valores expressivos que ajudaram muito. O gesto do companheiro pelo *Fome de Aprender* valeu mais que qualquer dinheiro.

O ônibus ficou pronto em fevereiro de 2020. Em março, veio a pandemia da covid-19 e fechou o país. Comida e fome estavam na pauta de todos os noticiários. O time havia acabado de terminar o treinamento dos voluntários e começava a operar na Restinga, de segunda a sexta-feira. Coordenador do *Fome de Aprender* e da Comunidade Terapêutica Caverna de Adulão, Sandro Leote o alertou sobre a situação de carência em toda a cidade e a necessidade de expandirem a ação humanitária. Decidiram ir para a rua.

A primeira saída fora da Restinga ocorreu num domingo. Sandro providenciou 200 marmitas e recrutou os voluntários que se sentiam à vontade para participar quando a regra era "fique em casa". O grupo — formado por Sandro, Tinga, sua esposa Milene, os filhos Davis e Daniel e voluntários — saiu com o ônibus em direção ao centro de Porto Alegre. Nas ruas não havia ninguém, mas as praças estavam lotadas de adultos e crianças famintos.

Com o fechamento das escolas durante a pandemia, alunos sem comida em casa procuravam o ônibus. De 100 refeições diárias, passaram a servir até 500. O *Fome de Aprender* virou notícia. Pelo alcance da iniciativa, doações espontâneas começaram a vir de todos os lados. Tinga teve de recusar verbas por não ter condições de ampliar ainda mais o projeto e o atendimento. Vários atletas se engajaram. O prefeito Marchezan se tornou parceiro e colocou à disposição uma nutricionista para orientar nos cardápios.

Hoje, depois da fase mais dura da pandemia do coronavírus, o ônibus fica estacionado durante a semana na escola de samba Estado Maior da Restinga, onde oferece 200 refeições por dia aos mais necessitados do bairro, além de aulas de reforço escolar e cursos de alfabetização direcionados às crianças e moradores de rua.

O maior legado do *Fome de Aprender*, segundo Tinga, é ter inspirado projetos iguais ou semelhantes em outras cidades e estados. Um deles é o *Fome de Aprender* by Floripa. Acredita que existem pessoas com condição financeira interessadas em ajudar causas sociais, mas que não sabem como agir ou não confiam na realização efetiva das propostas. Sua figura, reconhece, gerou credibilidade para o projeto. Muitos dos seus colaboradores levam a família à Restinga para conhecer de perto o *Fome de Aprender* e ter um contato direto com a dura realidade de quem não tem um prato de comida.

> "Tinga se preocupa em ajudar quem mais precisa."
> **Volnei Dallarosa**
> Especialista comercial de projetos da Marcopolo

*"Quando Tinga veio a Caxias do Sul conhecer a Marcopolo e nos explicou sua intenção de criar um ônibus restaurante-biblioteca, a empresa logo abraçou a ideia. O gerente de relacionamento comercial, André Oliveira, apresentou a proposta ao então CEO, James Bellini, que aprovou executarmos toda a mão de obra sem nenhum custo ao Tinga. André apadrinhou a iniciativa e, no ano seguinte, infelizmente, morreu de covid-19. Foi a primeira vez que fizemos uma adaptação semelhante. Já tínhamos transformado ônibus em ambulância, livraria, espaço de bandas musicais, entre outras finalidades, mas nada igual àquela proposta. Buscamos entender o que ele queria e, pela magnitude da sua ação de caridade, o aconselhamos a não comprar o chassi e a carroceria zero-quilômetro, como ele desejava no início, pois custaria cerca de 1 milhão de reais. Com a nossa orientação, adquiriu um ônibus usado em bom estado. Desmontamos o carro, revisamos e reformamos por completo o chassi. Ficou novo! O Tinga se envolveu diretamente com o pessoal da área de engenharia no projeto de design do interior do*

veículo. Indicamos fornecedores parceiros com preço justo e montamos uma força-tarefa de trabalho. Tinga é uma pessoa diferenciada. Mesmo com tudo o que representa para as torcidas do Inter e do Grêmio, além do seu destaque no futebol fora do país, continua um cara simples e humilde. Poderia viajar e desfrutar a vida, mas está preocupado em ajudar quem mais precisa. Tem um carisma que cativa as pessoas. E, com as causas sociais que defende, como não se tornar seu amigo e apoiador? A Marcopolo se sentiu orgulhosa de ter contribuído para o projeto Fome de Aprender. Passamos por cima de todos os obstáculos e compramos a ideia dele. Estou há 42 anos na empresa, e nenhum projeto me marcou tanto como o do Tinga. Foi muito gratificante trabalhar com ele pela causa do combate à fome e da educação. Logo depois veio a pandemia, o ônibus teve um alcance extraordinário, e, para todos nós, ficou ainda mais clara a lição de quanto podemos fazer mais e melhor hoje, ajudando uns aos outros."

# TINGA NA POLÍTICA?

Tinga sempre foi avesso à política. Quando o assunto entrava numa roda de conversa, ele corria para outro lado. A postura tinha a ver com suas memórias de infância na Restinga, quando os meninos do bairro recebiam dinheiro e camisetas — de quem consideravam "ladrões" — para distribuir panfletos de campanhas. Diminuíam a fome comprando sanduíches e refrigerantes. Sabiam que mais tarde, no governo, aquelas pessoas das vésperas das eleições desapareceriam, sem se preocupar com a situação dos moradores da periferia. Ser cabo eleitoral em troca de comida e roupa, então, achavam justo.

Na percepção de Tinga hoje, viver é um ato político, pois define o modo de agir das pessoas em cada situação. O problema, observa, está na má política. Não tem nada contra as doutrinas político-partidárias, mas não se vê sendo um homem público — mesmo tendo sido muitas vezes procurado por membros de diferentes partidos e ter ouvido deles que tem "vocação" para ser vereador, deputado e até vice-governador.

Em 2013, jogava no Cruzeiro, em Belo Horizonte, quando recebeu a visita de um dirigente partidário, vindo de Porto Alegre, para convidá-lo a ser candidato a deputado estadual pelo Rio Grande do Sul no pleito do ano seguinte. A proposta era que trocasse o futebol pela política. Tinga recusou o convite. Explicou que tinha pela frente quase dois anos de contrato com o clube e ganhava cerca de 1,5 milhão de reais por ano. O valor não seria impeditivo, alegou o visitante. O partido completaria o restante do salário de parlamentar, caso concordasse.

Na última década, Tinga entendeu os mecanismos que podem levar à corrupção na política. Soube das verbas gigantescas das siglas provenientes dos fundos partidários, destinados a financiar campanhas eleitorais e custear atividades das legendas. Também concluiu que alguns eleitos e pessoas em cargos públicos de confiança julgam ter uma responsabilidade maior do que seus salários e se sentem, de forma equivocada, no "direito" de lançar mão desse dinheiro. Ou seja, o modelo dá margem ao erro, ao toma lá, dá cá, e leva a uma baixa taxa de êxito de quem faz a boa política. Gestores públicos, na sua opinião, deveriam ser melhor remunerados.

Tinga deixou de votar por sua decepção com o sistema brasileiro. Optou por ter uma atuação política relacionada ao seu projeto social *Time Fome de Aprender*, criado de forma independente. Acredita que o plano de governo mais bem-sucedido é a geração de empregos. Com trabalho, a pessoa consegue se inserir de forma digna na sociedade. Também defende a cobrança de impostos para custear iniciativas sociais. Quem promove ações pessoais nessa área, acredita, participa duplamente, como contribuinte e cidadão, a favor de uma causa nobre.

Defende que, dentro da política, não conseguiria entregar o mesmo que ele como indivíduo faz com o apoio de amigos e acabaria frustrando seus eleitores. Sobretudo porque não trabalharia com verbas próprias, mas com os impostos da população, e teria de atender a expectativas nas áreas de saúde, transporte e cultura, por exemplo. Nenhuma proposta de candidatura o faria mudar de posição. Não troca a liberdade de ação com seus recursos e os de quem confia nele por verbas públicas.

Em 23 de março de 2020, o nome de Tinga foi envolvido num mal-entendido a partir de uma notícia divulgada pela *Folha de S. Paulo*. A reportagem associou sua presença naquela data, em Brasília, à participação em uma reunião na qual teria colaborado para definir a posição do governo federal sobre a covid-19, anunciada, horas mais tarde, em um polêmico pronunciamento à nação feito pelo então presidente da República, Jair Bolsonaro.

Tinga estava em Brasília como convidado do ministro da Cidadania, Onyx Lorenzoni — seu amigo colorado. No encontro, recebeu o convite para assumir o cargo de secretário nacional do futebol, e discutiram pautas relacionadas ao esporte e a causas sociais. Antes da audiência, em busca de referências, a equipe governamental fizera contato com presidentes de clubes, ex-colegas e empresários. Ele recusou a proposta na qual teria de gerir um milionário orçamento anual. Mas sentiu-se lisonjeado por ter sido lembrado pela sua trajetória no futebol, tema que dominou e transformou sua vida.

No final da reunião, Onyx quis apresentar Tinga a Bolsonaro. O encontro informal não fazia parte da agenda nem trataria de qualquer assunto de caráter oficial. Nos poucos minutos no gabinete, conversaram sobre amenidades e sequer foi ventilado que o presidente faria um pronunciamento à nação. Despediu-se e retornou ao hotel às 17h. Encontrou-o vazio, com apenas uma família tentando ir embora. Sua volta a Porto Alegre estava marcada para a manhã seguinte. Com receio de o aeroporto fechar e seu voo ser cancelado, decidiu se antecipar.

Ligou para a esposa Milene, na Sieben Tour, e pediu alternativas de horários de voo a partir das 19h. Em seguida, falou com a secretária do ministério para ver a possibilidade de trocar a passagem. Conseguiu reservar o voo das 20h e embarcou. Na manhã seguinte, ao acordar em casa, constatou seu celular travado, tal o número de mensagens de WhatsApp surpresas e contrárias a partir da repercussão da notícia veiculada na *Folha de S. Paulo.*

Tinga veio a público na mídia e se manifestou com uma nota sobre o conteúdo que ligava a sua pessoa à fala do presidente Bolsonaro. Disse que a notícia não fazia nenhum sentido e lamentou a atitude do jornalista por não o ter procurado para confirmar as informações.

# # PARA REFLETIR

**1.** Viver é um ato político que define o modo de agir das pessoas em cada situação. O problema está na má política.

**2.** Alguns políticos julgam ter uma responsabilidade maior do que seus salários e se sentem, de forma equivocada, no "direito" de lançar mão do dinheiro público. O sistema dá margem ao erro, ao toma lá, dá cá, e leva a uma baixa taxa de êxito quem faz a boa e correta política.

# GANHAR DE TERNO

Bicampeão da Copa Libertadores da América pelo Sport Club Internacional, Tinga admite que, como jogador do clube, faltou apenas conquistar o título do Campeonato Brasileiro Série A. No radar do ex-volante do time e torcedor colorado apaixonado, uma participação nessa futura vitória ainda pode acontecer, mas com ele dentro do Beira-Rio celebrando a taça de campeão de calça, camisa, gravata, casaco e sapato.

Não há dia em que Tinga não seja incentivado a voltar ao Inter como executivo de futebol. A pressão para ajudar o time a enfrentar as fases difíceis vem da torcida, dos amigos, de empresários e dos seguidores nas redes sociais. Longe da rotina dos clubes de futebol desde que saiu da direção do Cruzeiro no final de 2017, confessa que seria desafiador trabalhar no clube para o qual torce, porque a responsabilidade é muito maior.

A possibilidade não está descartada. Pelo contrário, é um objetivo a ser alcançado ainda sem data. Tinga pede a Deus que no ano em que o Inter ganhar o Brasileirão ele esteja lá. Acredita que o colorado está no seu caminho, mas tudo acontecerá no tempo certo. Hoje, seus compromissos profissionais como palestrante e empreendedor não lhe permitem voltar ao mundo corporativo do futebol. Recebeu vários convites e não teve como aceitar.

A experiência positiva como gerente de futebol no Cruzeiro — onde trabalhou direto com os jogadores no vestiário, distante da rotina administrativa de contratações — o agradou por não ter de lidar com dinheiro. Ao mesmo tempo, com as relações cultivadas na carreira esportiva e empresarial, percebe que, se retornasse ao Inter, seria pouco participar apenas dos bastidores. Teria de trabalhar como um mediador de relacionamentos. Costuma dizer que não tem 100 milhões de seguidores nas redes sociais, mas 100 contatos da sua agenda poderiam o auxiliar a agregar mais do que somente contratar ou não jogadores.

Ao ver o Inter atravessando dificuldades — compara a um foguete subindo e dando ré —, Tinga sabe que a ajuda a qualquer time de futebol brasileiro ou do exterior custa caro. Historicamente, observa, nos anos em que a dupla

Gre-Nal foi campeã, sempre havia uma estrutura ou alguém apoiando financeiramente. Na época de ouro em que jogava no Inter, lembra da forte colaboração de empresários e investidores.

Se um dia voltasse ao Inter, Tinga convocaria os amigos do mundo dos negócios que o estimulam a ser um executivo do clube e pediria a eles capital. Arrumar as contas, sanar dívidas e resgatar o crédito dentro e fora do país, na sua opinião, é a única maneira de montar um grande time e vencer campeonatos. O clube precisa resgatar essa confiança. Dos empresários colorados com quem conversa sobre o tema ouve que, se ele fosse o gestor, emprestariam dinheiro ao Inter, porque teriam certeza de serem pagos. Tinga avisa então que, na hipótese de retornar ao Beira-Rio, o celular deles vai tocar.

# SAÚDE DO CORPO, DA MENTE E DO ESPÍRITO

Disciplina é uma palavra de ordem na vida de Tinga. Ele brinca que é um "negão" com hábitos de alemão em termos de constância e obediência à sua boa conduta com a saúde. Nas férias, a esposa costuma lembrá-lo de deixar um pouco o "regulamento" de lado e curtir os momentos de folga. Tinga segue uma rotina de horários para tudo. Considera que a disciplina o deixa livre justamente para poder escolher a sua agenda. Acorda às 7h e sempre toma o café da manhã na mesa da sala com a esposa e os filhos, quando eles estão em casa.

Fazer as refeições à mesa nos horários é uma prática da qual não abre mão e que tem um significado especial para Tinga. Ressalta a importância do móvel e diz que foi o primeiro a ser construído pelo homem na antiguidade, deixando todos em igualdade na altura, olhos nos olhos. Admira sua simbologia democrática e aprecia a imagem da Santa Ceia de Leonardo da Vinci, com Cristo e os apóstolos em volta da mesa. Sua família não aderiu aos modos de cada um comer onde quer em casa. Todos se reúnem à mesa, e isso tem valor emocional.

No período da manhã, o treino de musculação e aeróbico está incorporado à rotina diária. É realizado em academia, às vezes com a orientação de um *personal trainer*, ou em sua residência, onde dispõe de alguns equipamentos. No final da tarde, quando a agenda permite, faz um novo circuito de exercícios. Tinga considera a atividade física e o *beach tennis* suas terapias esportivas. As noites de quinta-feira e os domingos são reservados à prática do esporte com dois diferentes grupos de amigos.

O treinamento e os jogos são muito valorizados por também serem momentos que funcionam como uma válvula de escape, quando ele se desliga de todos os compromissos, afasta-se do telefone celular e aproveita apenas para relaxar e se divertir. Uma meta é conseguir ficar pelo menos 24 horas longe do celular e aumentar esse tempo de forma gradativa como meio de fazer o que considera uma "oxigenação mental".

Uma vez por ano, Tinga se submete a um *check-up* completo de saúde. Com orientação médica, usa suplementos alimentares e vitaminas, visando manter corpo e mente saudáveis para dar conta de seu dia a dia movimentado com viagens, reuniões de negócios e palestras. Ômega 3, vitaminas D e C, zinco, *whey protein* e creatina são algumas das substâncias que ingere como complemento à dieta equilibrada com frutas, verduras, legumes, carnes e carboidratos — mas, confessa, o pão continua sendo uma paixão.

Dentro do que denomina disciplina semanal, os domingos de manhã são reservados à busca de paz espiritual. Tinga e Milene vão até a Restinga, onde participam do culto evangélico numa Igreja Batista. O casal também traz a igreja para dentro do lar, quando se reúnem para orar em família e refletir sobre a palavra de Deus na Bíblia. Diz que tudo está na mão de Deus para quem crê, e ele sente a ação divina sobre sua vida.

Nas questões de saúde física, mental e espiritual, observa que não é possível separar o jogo do jogador, ou seja, viver de forma irresponsável de segunda a sexta-feira e fazer gol no fim de semana. Hoje se sabe que cada um joga como vive e vive como joga. Bons hábitos, atitudes saudáveis e cultivo do espírito devem fazer parte da rotina. É preciso se esforçar, lutar contra a preguiça e buscar sempre se desenvolver. Quem é responsável com sua vida será com o trabalho, os estudos, a família e a saúde em todos os âmbitos.

# # PARA REFLETIR

**1.** Cada pessoa joga como vive e vive como joga. Bons hábitos, atitudes saudáveis e cultivo do espírito devem fazer parte da rotina.

**2.** É preciso se esforçar, lutar contra a preguiça e buscar sempre se desenvolver. Quem é responsável com sua vida será com o trabalho, os estudos, a família e a saúde em todos os âmbitos.

# VISTA A CAMISA DO SEU SONHO

Tinga realizou seus maiores sonhos de infância: jogar no Inter e dar uma casa para a mãe. Olhando a vida pelo retrovisor, nunca imaginou alcançar tudo o que vive hoje. Foi transformado e agora é um transformador. Define-se como alguém que realiza e é fruto das vivências na Restinga, no Japão, no Rio, em Portugal, na Alemanha, em Porto Alegre e em Belo Horizonte, ao lado de moradores de rua, empresários, jogadores de futebol, treinadores, fisioterapeutas, diretores, presidentes, porteiros, jornalistas, publicitários, colegas e vizinhos. Sempre quis estar perto de todos, aprendendo, experimentando, se desenvolvendo.

Pautado pela família sobre o que não devia fazer, optou por não entrar na porta larga das "facilidades" da periferia.

Escolheu a porta estreita do trabalho e de rejeitar a crença de que não poderia vencer. Andar na linha foi a sua melhor escola. Partiu do princípio de agir certo, ver o lado positivo e ser curioso. Largou na frente. A decisão alimentou o seu sonho. Tinha tanto respeito pelo sacrifício da mãe de trabalhar de madrugada de forma digna e deixar de comer para dar aos filhos, que não podia decepcioná-la. Então, antes mesmo de vestir a primeira camiseta do Grêmio, onde começou no futebol, vestiu a camisa do seu sonho.

Não lembra de ter sofrido com as dificuldades ou por viver em ambiente adverso. Era criativo para superar os obstáculos. Tenta transmitir esta motivação nas suas palestras: todos podemos mais. Jamais imaginou que, ao se aposentar do futebol e tendo estudado apenas até a 5ª série, seria um conferencista em grandes eventos e um homem de negócios. Quando fala que o ser humano pode mais, usa a analogia do teste de direção para obter a carteira de motorista. Muitas pessoas veem problemas intransponíveis pela cobrança de saber operar, de forma simultânea, uma série de comandos dentro do carro e estar atento às regras de trânsito.

Depois de algum tempo dirigindo, se dão conta de que fazem isso com facilidade, de forma automática, e não percebiam o quanto eram capazes. Por isso, observa Tinga, nunca se deve aceitar se alguém disser que você não pode por ser negro, branco, gordo, gay ou velho. O que sempre continuará dando certo são comportamentos como entregar bons serviços, ter paciência, ser fiel e desenvolver a habilidade de engolir sapos — quem não tem essa última competência, na sua opinião, não chegará a lugar algum.

Colorado e ídolo do Inter, até hoje Tinga tem imensa gratidão ao Grêmio. Depois de suas palestras, seguido ouve de pessoas da plateia não acreditarem que ele torce pelo Internacional. Considera um grande elogio. Sinal de que trabalhou bem, com lealdade, entregou resultados com dedicação, não só ao tricolor, mas a todos os times nos quais atuou. A partir do questionamento do público, passou a refletir como se desempenhou com excelência independentemente de onde jogou. Concluiu que, antes de vestir a camisa de qualquer clube, portava a do seu sonho, do seu desejo, da sua busca por oportunidades.

Até hoje diz que não sabe o que conquistou. Ganhou muitos campeonatos, perdeu outros tantos, mas viveu o mundo do futebol em grande tensão. Nunca usufruiu das glórias em campo nem relaxou. Sentia medo de perder o que havia obtido e decepcionar a família por, talvez, não conseguir dar a ela condição financeira, principalmente quando parasse de jogar. Vencia um jogo num dia e, no seguinte, estava preocupado. Vê cada etapa da sua vida com algumas vitórias, desde subir da categoria de base para a profissional até começar e encerrar a carreira em grandes clubes, coisa rara no esporte. Também realizou o desejo de escolher a hora de parar.

Quando voltou a estudar, nasceram outros sonhos. Fazer palestra? Justo falar em público, o maior medo das pessoas, maior até mesmo que o da morte? Sem estudo e sem uma boa dicção, era arriscado. Mas Tinga prefere ver as situações pelo avesso, e encarou o desafio. Em junho de 2023, ao subir no palco do Mentes Brilhantes como convidado e falar para 3 mil pessoas no auditório Araújo Vianna, em Porto Alegre, considerou ter atingido mais um triunfo, com a consciência de que a vida segue, e é preciso continuar o trabalho.

No início da carreira de palestrante, ao entrar nas empresas, via nas paredes quadros com os conceitos de missão, de valores e de vestir a camisa da firma. Na hora de falar com os colaboradores, Tinga dizia para eles que, antes, era preciso vestir a camisa dos seus sonhos. E nenhum sonho era igual ao do outro. Se há quinhentos funcionários numa companhia, cada um tem um desejo diferente, seja viajar nas férias, colocar os filhos numa escola melhor, comprar um carro, uma casa, ser promovido ou apenas ter o salário para pagar as contas e o churrasco no fim de semana, por exemplo. O importante é não mentir para o seu sonho. Ser fiel a ele.

A proposta quebrou um paradigma dos próprios empresários que contratavam a conferência e, no início, ficavam receosos ao ouvi-lo dizer isso para os empregados. Depois entediam a ideia e como todos se beneficiavam com essa postura. Na avaliação de Tinga, não faz sentido pensar que alguém vai entregar mais para terceiros do que para si próprio. Se o funcionário for fiel consigo, será com a empresa também. Foi assim que Tinga se fez, acreditando em sonhos palpáveis.

Quando ele atua para uma marca, dedica-se 100%, porque, antes de tudo, faz por ele mesmo. Não é preciso ser monitorado, receber ordens, bater ponto ou ser fiscalizado por um líder. Se não estiver feliz fazendo aquilo, prefere ir para outro lugar, e não ficar dentro da empresa mentindo para si. Na Sieben Tour, como sócio, várias vezes reuniu sua equipe e disse para não vestirem a camisa da agência de viagens. Pediu que usassem a Sieben para realizar o sonho de cada um deles. Resultado: colaboradores batendo metas, ganhando prêmios e com expressivas retiradas mensais. Quem se entrega mais para a empresa do que ao seu sonho, em algum momento se vê carregando um fardo, constata.

O sonho atual de Tinga é continuar trilhando seu caminho. Há uma série de coisas que deseja fazer, ter ideias, criar negócios e desenvolver projetos. Como pai, também cultiva os sonhos dos dois filhos e quer vê-los vencer. Por vezes, acha que está vivendo um sonho. Morar onde mora, frequentar bons ambientes, viajar. Sente orgulho de suas iniciativas darem certo e constata o quanto a vida lhe é generosa. Até com o que dá errado, diz, aprende a lição e passa a agir diferente. Como homem de fé, tem certeza de que é a mão de Deus a guiá-lo. Tinga cita a Bíblia em Josué 14:9: *"Por esse motivo, naquele mesmo dia, Moisés me jurou: 'Certamente, a terra em que pisou o teu pé te pertencerá por herança a ti e aos teus descendentes para sempre, porque obedecestes perfeitamente a Deus!'"*

## # PARA REFLETIR

**1.** Tinga optou por não entrar na porta larga das "facilidades" da periferia. Escolheu a porta estreita do trabalho e de rejeitar a crença de que não poderia vencer. Andar na linha foi a sua melhor escola. Partiu do princípio de agir certo, ver o lado positivo e ser curioso. Largou na frente. A decisão alimentou o seu sonho.

**2.** Todos podemos mais. Nunca se deve aceitar se alguém disser que você não pode por ser negro, branco, gordo, gay ou velho. O que sempre continuará dando certo são os bons comportamentos.

**3.** Antes de vestir a camisa da empresa, você deve vestir a camisa dos seus sonhos e ser fiel a eles. Não faz sentido pensar que alguém vai entregar mais para terceiros do que para si próprio. Se o funcionário for fiel consigo, será com a empresa também.

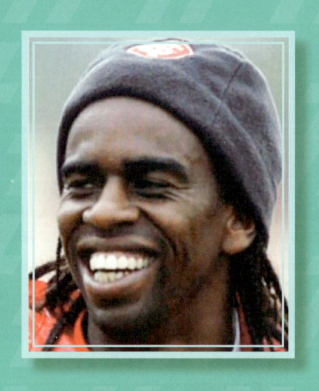

ANTES DE VESTIR A CAMISA DA EMPRESA, VOCÊ DEVE VESTIR A CAMISA DOS SEUS SONHOS E SER FIEL A ELES.

#CHAMANDOATENÇÃODASORTE

# PAI DE MUITAS FAMÍLIAS PELA FÉ

Tinga conquistou dezenas de títulos e prêmios no Brasil e no exterior, mas nenhuma recompensa se compara à sua família. Mesmo tendo a vida transformada por meio do futebol, se não tivesse realizado o sonho de ser jogador, teria concretizado outro desejo: casar e ter filhos. O casamento foi com a primeira namorada, Milene. Da união, nasceram Davis, em 2002, e Daniel, em 2007. Depois de ter rodado o mundo, diz que não há glória de campeão no esporte, fama ou dinheiro melhor do que ter aceitado a presença de Deus e o valor de sua família. O legado da mãe, Nadir, de criá-lo e educá-lo com sacrifício é algo vivo e imensurável.

Em 2015, ao se aposentar do futebol, Tinga não fez festa num jogo de despedida dos gramados com um time de

CHAMANDO ATENÇÃO DA SORTE

famosos. Em vez disso, mobilizou cerca de 300 pessoas e promoveu o Dia da Família, um grande evento reunindo a comunidade da Restinga, bairro onde nasceu. A data é comemorada, no Brasil, em 8 de dezembro. Homem de fé, sente a mão de Deus direcionando a sua vida. Por isso a satisfação de ter proporcionado alegria a tantas famílias e dar continuidade ao seu projeto social com a ajuda de amigos. Quando as coisas são feitas para Deus, afirma, a responsabilidade é ainda maior.

O primeiro encontro de Tinga com Deus aconteceu de forma inesquecível em outubro de 1998. Ele tinha 20 anos e havia ido jogar pelo Grêmio contra o Cruzeiro, em Belo Horizonte. Dividia o quarto de hotel com o jogador Robert da Silva Almeida, atleta de Cristo que realizava um ato evangélico na suíte onde estavam hospedados. Na época, Tinga não praticava nenhuma religião, considerava o ritual do colega "coisa de crente" e preferiu não participar. Quando retornou ao quarto mais tarde, encontrou outros atletas com um violão reunidos com o pastor Alexandre, que lia e comentava passagens da Bíblia. O grupo o convidou a ficar, e ele aceitou.

Naquele momento, tudo o que o pastor pregava sobre a Sagrada Escritura atingia Tinga de forma direta. Cada versículo dos evangelhos fazia um sentido especial para ele. Parecia estar sozinho ali. De repente, lembra de o pastor lhe dizer que, até o final do ano, ele realizaria o sonho de dar à mãe uma casa. Hoje, Tinga não sabe ao certo se realmente o religioso lhe disse aquilo ou se foi uma epifania num momento de revelação divina. Apenas crê que foi um dos dias mais abençoados da sua vida, quando sentiu uma paz incomparável.

A partir de então, define, ficou encantado com a descoberta espiritual. Ganhou uma Bíblia de Robert. E, no final de 1998, presenteou Nadir com uma casa no bairro Ipanema, em Porto Alegre. Em seguida, foi jogar no Japão com toda aquela vivência em Jesus Cristo muito presente. Na volta do país onde defendeu o clube Kawasaki Frontale, procurou o pastor Alexandre na Igreja do Evangelho Quadrangular, em Belo Horizonte, e batizou-se. Desde aquele episódio entende que Deus sempre cuidou da sua vida.

Tinga diz viver em eterna correção porque, reconhece, seguir a Deus não é tarefa fácil. Sua relação com Ele é próxima, como se fossem melhores amigos. Fala com Ele de forma clara e direta e O chama para ajudar nas suas decisões. Todas as escolhas importantes, sejam pessoais ou profissionais, não são tomadas sem antes se ajoelhar, apresentar os fatos ao Altíssimo e frisar que, se Ele não estiver naquele lugar e com aquelas pessoas, afaste dele a oportunidade. As respostas são recebidas por meio de um sinal.

A fé, a religiosidade e o forte espírito de família de Tinga têm um esteio importante em Milene. Costuma dizer que, no seu caso, atrás de uma grande mulher há um homem. A esposa representa o intelecto e o caminho na sua vida. Ele a considera um tesouro de sabedoria: racional, com visão abrangente e organizada. Nunca foi o estereótipo de "mulher de jogador", no sentido de consumo, glamour e exposição na mídia. Reservada, manteve a postura sem deslumbramento. Representa o suporte e a doação por todos. Não hesita em admitir que 80% do que é, faz, representa e pensa hoje se devem à esposa.

A união de quase três décadas enfrentou momentos difíceis, mas Tinga e Milene nunca se imaginaram separados. Preferem dividir todas as alegrias e angústias, como as que enfrentaram juntos, em 2022, quando o filho Daniel passou por cinco cirurgias depois de sofrer lesões no joelho e nos pés em jogos de futebol. Ele vê o casamento como a arte da convivência, na qual duas pessoas imperfeitas tentam ser perfeitas, personalidades diferentes buscam ser iguais dentro de uma relação. Para ele, gerar uma família, ter cumplicidade e alguém para dividir os momentos é uma das melhores coisas da vida. O casal adora viajar e conhecer outras culturas.

A educação dos filhos foi prioridade para Tinga e Milene. Quando Davis e Daniel nasceram, sentiram toda a responsabilidade e o compromisso de educar as crianças dentro dos seus valores. Milene foi a presença constante e amorosa na criação dos meninos, enquanto Tinga se dedicava à carreira no futebol. Ela conduziu de maneira que a ausência paterna não teve peso negativo nem gerou insegurança. Jamais disputaram espaço na criação dos garotos. Pelo seu temperamento e como foi educado pela mãe, Tinga não tentava compensar a pouca presença em casa com abraços e beijos. Demonstrava carinho com a orientação do que é correto e cobrando obediência, respeito e boas maneiras. Foi rígido nesse sentido.

As conquistas de Davis e Daniel — ambos jogadores de futebol — em situações nas quais o bom comportamento é um trunfo ainda são comemoradas pelos pais, demostrando o quanto valorizam isso. Depois da aposentadoria do futebol, Tinga observa que adquire cada vez mais segurança de que sua voz como palestrante pode ajudar a transformar as pessoas pela convivência com a esposa e os filhos. Percebe que, se consegue ajudá-los em diferentes questões do cotidiano, é capaz de fazer o mesmo pelo público que assiste a ele. No entanto, acredita sempre faltar alguma contribuição a mais de sua parte para os rapazes.

Tinga não queria os filhos no mundo do futebol. Seu instinto de proteção pretendia preservá-los das dificuldades. Desejava que estudassem, tivessem um diploma, mas sem impor nada ou criar expectativas. Insistia, seguindo o modelo de sua mãe, para ficarem longe das drogas, do álcool e do cigarro e não prejudicarem outras pessoas. Ao mesmo tempo, viveu o conflito por querer que eles tivessem as experiências proporcionadas pelo esporte, traduzidas em convívio, disciplina, regras, altos e baixos, ganhar e perder, emoções positivas e negativas. Em resumo, um espelho da vida.

Como pai, entende que sua missão é mostrar o caminho. Em qualquer outra profissão, não conseguiria aconselhar tão bem para que evitem o desgaste de passar por determinadas situações. Mas sabe que é impossível auxiliar quando a bola rola em campo. Se não tiverem qualidade no futebol, de nada adiantaria ele ajudar e tentar abrir portas. A concorrência é dura e diária. Tinga respeita o tempo dos filhos e o processo que cada um vive nos seus clubes como atletas amadores. O que os garotos amam fazer deixa ele e Milene felizes. Afinal, foi o futebol que também transformou as suas vidas.

> **"O pai é meu conselheiro, percebe coisas que eu ainda não vi."**
> **Davis Silva do Nascimento**
> Filho e meio-campista do Portimonense

*"Pela história que o meu pai construiu dentro do futebol, sempre vai existir a expectativa das pessoas em relação a mim por também ser jogador. Há o lado positivo e negativo nisso, depende da forma de lidar. Até os 14 anos, tive dificuldade de entender. Nem era tanto a exigência dos outros que me incomodava, mas a autocobrança mesmo. Ao longo do tempo, percebi que isso me favorecia, e passei a usar a meu favor. Hoje, aos 21 anos, vejo de forma tranquila, mas reconheço que, às vezes, pode ser difícil. Estou iniciando a minha trajetória no futebol, então o pai é meu conselheiro. É com quem mais converso sobre a vida e questões dentro de campo. Ele percebe coisas que eu ainda não vi. Minha mãe brinca que eu falo mais com o pai. Tudo o que me acontece de bom ou ruim, ligo direto pra ele. Desde pequeno vivo dentro do futebol e queria ser jogador, mas, se fosse pelo pai, não teria seguido a carreira. Ele nunca quis a profissão para mim nem para o meu irmão, que começa agora a jogar no Grêmio. Por conhecer todas as dificuldades desse mundo, gostaria de outro*

*caminho para nós. Queria que estudássemos. Aos 16 anos, quando jogar pra mim deixou de ser só diversão e fui assinar meu primeiro contrato, eu me sentei com o pai, expliquei a minha escolha e disse que estava disposto a correr o risco. Ele me apoiou sem deixar de alertar sobre os momentos difíceis. O conforto dele é me ver feliz. Não interfere na minha carreira em contratos ou falando com diretores de clubes. O pai nos educou mostrando a importância de se ter um trabalho e o esforço para garantir o ganha-pão. Quando nasci, ele já vivia outra realidade. Sempre fez questão de nos mostrar de onde veio até chegar a tudo o que conquistou. Quando estou em Porto Alegre, vou direto à Restinga e participo do* Fome de Aprender. *Eu me sinto em casa lá. O pai não nos deu tudo o que a gente queria por ter uma boa condição financeira. Fez isso para que aprendêssemos a dar valor às coisas. Acredito que foi mais difícil para ele essa atitude do que para nós, seus filhos, entendermos. Ele nos cobra muito ter boa educação. Acho o meu pai um homem fora de série, com um coração gigante para ajudar quem mais precisa e muito carinhoso com a família. Parece sério, porque demonstra pouco suas emoções. Os valores dele conheço por ter convivido. Mas o que me surpreende e admiro demais é o respeito e a gratidão que as outras pessoas demonstram por ele."*

> "Ele é o meu grande exemplo de gratidão e lealdade."
> **Daniel Silva do Nascimento**
> Filho e atacante na base do Grêmio

*"Meu pai tem um jeito mais tímido, quieto e fechado com as pessoas de modo geral, mas comigo, com meu irmão e minha mãe ele é bastante carinhoso. Aos 16 anos, estou bem decidido com a minha escolha de vida no futebol, e ele me auxilia com orientações de carreira. Diz que me apoia por ser o meu sonho, mas também estará do meu lado se um dia eu quiser sair do mundo do esporte. Quando fui fazer teste no Grêmio, nem sabiam que eu era filho dele. Como sou um jogador com perfil físico e posição em campo diferentes, não enfrento comparações. Na época em que o pai era jogador, nossa família quase não ia ao estádio assistir a seus jogos. Ele nos deixava livres para participar, nunca nos forçou a gostar de futebol. O pai para mim é um grande exemplo de gratidão e lealdade. Sempre está ajudando quem mais precisa e aqueles que um dia lhe estenderam a mão. Quem convive com ele aprende seus valores pela maneira como age com os outros. Nem precisa me falar ou ensinar, eu percebo. Admiro a sua honestidade e o seu jeito franco e sincero. Ele é autêntico. Não é de forçar amizade. Desde pequeno*

*frequento a Restinga e não vejo diferença alguma de outros lugares com mais condição social ou econômica. Meu pai sempre fez questão de nos deixar próximos desses dois mundos tão diferentes. Participo dos projetos sociais distribuindo alimentos e me lembro de vários natais que nossa família passou na comunidade. A mensagem mais importante na nossa educação é que somos todos iguais."*

# CÍRCULO DE GRATIDÃO

Tinga é uma pessoa grata. Desde a infância, recebeu muita ajuda para vencer as dificuldades e seguir em frente. Não esqueceu quem lhe estendeu a mão nem aqueles que, mesmo sem saber, com gestos ou palavras proporcionaram uma oportunidade, uma esperança, um impulso. Sua regra é valorizar os amigos que compõem o seu círculo de gratidão. Tudo o que alcançou, acredita, só foi possível pelo apoio de pessoas que o auxiliaram e abriram portas em diversas fases da vida.

Sua maneira de ser grato é tratar as pessoas diferentes de forma diferente. Quando expõe esse conceito nas suas palestras, de modo geral a plateia se surpreende, pensando que o correto é tratar igual a todos. Tinga pondera que ninguém faz isso, pois seria mais injusto do que justo. Respeito, esclarece, qualquer um merece. Mas não é possível agir com um traidor do mesmo modo que com quem o amparou num momento difícil, por exemplo. Gratidão, define, é escolher os diferentes para se sentarem à sua mesa.

Em 2022, Tinga criou no YouTube o canal *Na Van by Tinga*, onde compartilha vídeos de entrevistas relatando vivências e experiências com convidados — amizades feitas Brasil afora. Alguns dos vídeos recebem o selo *Círculo de Gratidão*. Denominou assim para homenagear pessoas importantes na sua trajetória, enquanto podem receber o reconhecimento. Fazia isso de maneira particular e, como agora a tecnologia permite, resolveu também mostrar de forma pública. Alegra-se quando ouve que ajudou alguém e imagina despertar o mesmo sentimento naqueles a quem é grato.

Depois de se aposentar do futebol, sua jornada como empresário, palestrante e empreendedor foi fruto de muitas ações de gratidão. Quando abriu a Sieben Tour by Tinga, o alertavam de que seria mais fácil um cliente virar amigo do que o contrário. Tinga concorda com a premissa, no entanto viu clientes se tornarem amigos e um grande número de amigos comprarem viagens na agência. Pensa que quebrou esse padrão, porque a vida inteira buscou ser grato aos que intercederam a seu favor.

Além de expressar agradecimento em palavras, gosta de praticar atos. Como foi bastante ajudado, favoreceu muita gente. A intenção sempre é fazer o que está a seu alcance para que todos estejam bem. Procura ser a ponte e conectar o necessitado a quem pode ajudar. Sente prazer em construir essa ligação. Aprecia o desafio de contribuir onde não terá ganho. Remuneração apenas é aceita em negócios, não em favor de amigos.

Nos projetos sociais ocorre o mesmo. Tinga não faz nada sozinho. Tem a iniciativa de reunir as pessoas. Muitas contribuem financeiramente até mais do que ele. O auxílio vem pelo reconhecimento e pela confiança no seu trabalho. As causas divulgadas representam apenas cerca de 20% da esteira gigante na qual ele e seu círculo de amigos estão envolvidos em benefício de quem precisa. Constata que o povo brasileiro tem bom coração, gosta de ajudar, porém é desconfiado. Colabora quando encontra alguém com credibilidade e capacidade de realizar.

A gratidão também dá chance a novas amizades, negócios e parcerias. Para Tinga, ela se transformou em muitas coisas. Reconhece que talvez não tenha sido grato a todos como deveria. Por isso, quando lembra, procura compensar em atitudes. Crê ser importante dar o primeiro passo em direção a alguém que não vê há muito tempo ou possa estar chateado, dizendo que o ama e é grato.

Em abril de 2023, na volta de uma viagem a Portugal, onde foi visitar o filho Davis, enviou pelo celular uma mensagem de gratidão para 50 amigos. Pediu que fizessem o mesmo e criassem uma corrente. A ideia veio a partir de uma conversa com a esposa, Milene, quando comentavam sobre quantas famílias, amigos e colegas haviam deixado de se falar por causa de divergências políticas nas eleições de 2022. O retorno das mensagens aqueceu o coração de Tinga com bons sentimentos.

> "É um filho muito bom para mim. O que me prometeu, ele fez."
>
> **Nadir Fonseca**
> Mãe do Tinga e professora de artesanato reciclável

"Nasci em São Francisco de Paula e morei lá até os 13 anos, quando vim para Porto Alegre trabalhar como babá. Minha mãe era separada, tinha sete filhos e nos criou sozinha. Na capital, eu cuidava de um bebê que hoje é médico. Conheci o meu ex-marido na rua Octávio de Souza, no bairro Teresópolis, onde moravam meus tios. Valmor queria ser padre, mas não levava jeito. Começamos a namorar, nos casamos e fomos viver no bairro Nonoai. Aos 18 anos tive a minha primeira filha, Ana Paula. Continuei trabalhando como babá, faxineira e doméstica em outras residências. O Valmor era funcionário da CRT. Juntamos nossos salários e nos inscrevemos no projeto social do Departamento Municipal de Habitação para comprar um apartamento na Restinga. Quando nos mudamos, o Paulo Cesar já havia nascido. Meus filhos ficavam na creche, e eu comecei a trabalhar na limpeza do Teresópolis Tênis Clube. Fui promovida rapidamente a encarregada do setor, porque era esforçada e caprichosa. Na Restinga, minha preocupação era cuidar o tempo todo do Paulinho por causa dos perigos daquele *lugar. Os guris de lá só queriam saber de roubar, fumar e cheirar. Sentia muito medo de o meu filho não conseguir ser o jogador de futebol que ele sonhava. Desde pequenininho dormia agarrado na bola. Os professores me chamavam na escola e diziam que o Paulo Cesar gostava apenas das aulas de Educação Física. Mesmo assim, eu apoiava o sonho dele. Levava nas primeiras escolinhas, no bairro Cristal. Era um guri obediente e muito respeitoso, como até hoje. Ouvia de mim coisas boas, que queria ver ele realizado e feliz. Eu dizia: 'Eu ainda vou te ver jogando'. Quando ele entrou no Grêmio, eu não perdia um jogo. Admirava a vontade que tinha de crescer, de ser alguém, de me dar alguma coisa. E eu vivia repetindo que, sem trabalhar, não se consegue nada. É trabalhando que se constrói alguma coisa, não é pegando nada de ninguém. A gente tem que conquistar as coisas com o suor do trabalho. Eu trabalhava dia e noite para os meus filhos serem bem-criados, o que era difícil para uma mãe sozinha e com eles soltos na Restinga. Às vezes fico admirada com como consegui. Deixava de comer no horário de almoço do serviço para levar em casa, porque faltava a comida das crianças. Nos finais de semana, trabalhava dois turnos até de madrugada, e o que sobrava das festas do clube eu levava para meus filhos poderem se alimentar. Nenhum colega queria fazer esse horário. Até hoje, não consigo colocar comida fora. Quando se passa trabalho para conseguir alimento, se dá muito valor. Lembro quando o seu Antônio Carlos Verardi me chamou no Grêmio. Ele tinha um olho muito bom pra descobrir novos talentos e disse que meu filho ainda novinho seria um grande jogador. Pediu que eu o deixasse morar na concentração para ter uma alimentação reforçada e treinar. Na hora assinei um papel autorizando. No Grêmio, engordaram o Paulinho, ele pegou um físico bonito e corria nos treinos, fazendo de tudo em campo. Às vezes, quando ia nos visitar, me dizia que o treinador o deixava no banco, e ele pensava em desistir. Eu rebatia: 'Tua hora vai chegar, tudo tem a sua hora'. Sempre o incentivei. Logo depois ele participou de um torneio fora e, na volta, subiu do juvenil para o profissional. As coisas não acontecem na hora que se quer. É preciso saber esperar. O Paulinho sofreu muito quando o pai ficou doente e a sua nova família não quis cuidar dele. Hoje ele visita o pai, leva para passear, vai na igreja com ele, faz tudo o que pode. E lembrar que o Valmor comentava com minhas amigas que eu andava 'sonhando acordada' que o Paulinho seria um jogador de futebol. Seria, não: ele se tornou um jogador, e dos grandes! Fiz tudo o que era certo e estava ao meu alcance para realizar o sonho do Paulinho. Quando faltavam funcionárias no Teresópolis, eu pegava junto, não ficava somente mandando. Por isso, quando saiu aquela reportagem na RBS TV, no início da carreira dele, em que está chorando por me ver limpar o chão, é porque achava que eu só dava ordens. Soluçava e dizia ao repórter que ia mudar aquilo, me tirar dali. Se as outras funcionárias não conseguiam dar conta da limpeza do clube, eu ajudava. Fui uma encarregada de bom coração. Minhas palavras ficaram bem marcadas na vida do Paulinho, e quero que ele transmita esses valores para seus filhos. Ele é um pai querido, meus netos o adoram. Quase não consigo falar sem me emocionar. É um filho muito bom pra mim. O que me prometeu, ele fez. Me deu uma boa casa e sempre cuidou de mim. Uma vez assisti a uma palestra dele num shopping. Ele conta a minha vida nas apresentações e o que eu passei para criá-lo. Foi emocionante, chorei muito. O Paulinho me colocou na primeira fila. Não esperava que fosse me apresentar para o público. Foi uma surpresa, nunca sonhei com aquilo! Num impulso, me levantei e comecei a abanar para as pessoas me aplaudindo. Minha vida deu uma reviravolta com o sucesso do Paulinho. Mas eu continuo a ser a mesma Nadir de antes, com a diferença de hoje ajudar as pessoas como o meu filho também faz. Muitas vezes comentam que eu nem pareço mãe do Tinga, por ser tão simples e humilde. Por que eu seria melhor? Gremistas e colorados gostam dele, porque é um cara bom, não é arrogante, não maltrata ninguém. Essa educação ele aprendeu dentro de casa, com a família. Não tem escola e professor que ensine isso. A família deve apoiar, ajudar, conversar e aconselhar. Assim se criam boas pessoas."*

*Se eu pudesse, queria citar nome por nome e agradecer aqui a todos os que fizeram parte deste livro. Quando digo fazer parte, me refiro às pessoas que desde a infância até agora, nesses 45 anos de vida, de alguma forma participaram da minha história. Aqueles que brincaram comigo. Outros que me ajudaram com uma passagem de ônibus, um alimento, uma roupa ou um apoio. Depois, os companheiros que estiveram ao meu lado quando ingressei adolescente no futebol e, mais tarde, na fase de profissional do esporte. Atletas, dirigentes e profissionais de diferentes áreas que conviveram comigo em todos os clubes onde joguei. Saibam, vocês contribuíram muito para o meu desenvolvimento! Ao me aposentar dos gramados, comecei a me conectar com um novo perfil de pessoas fora do mundo do futebol. Acredito que hoje ainda estou buscando me tornar um pouco de cada ser humano com quem convivi e aprendi. Tive uma sorte muito grande de conhecer centenas de homens e mulheres que me emprestaram algum talento, alguma ideia, transmitiram valores, dividiram momentos importantes e ajudaram a me tornar quem eu sou. Então, faltariam folhas neste livro para um agradecimento especial a cada um que Deus fez cruzar o meu caminho. As palavras e ações de vocês ficarão eternamente guardadas no meu coração. Obrigado por tudo e para sempre!*

# OBRIGADO POR TUDO

# A CADA
# UM!

 vitrolalivros

**VITROLA EDITORA E DISTRIBUIDORA LTDA.**
Rua das Camélias, 321 — Aparecida
CEP: 98400-000 — Frederico Westphalen — RS
Tel.: (55) 3744-6878 — www.vitrola.com.br
editora@vitrola.com.br
www.vitrola.com.br